《噶厦日志：铁兔年（1831）》译注

索朗多吉 译注

中国藏学出版社

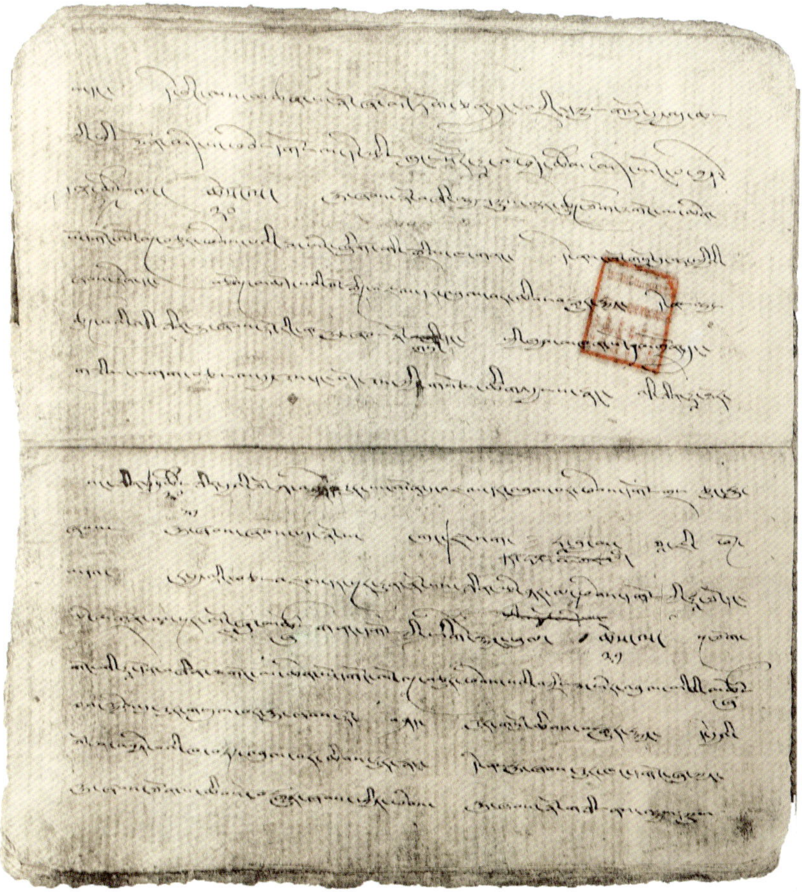

一月二十日

四位噶伦照常办公。装放大皇帝五十寿辰的拜谒信。……为众神颂经和十五供登记……举行汉藏餐盛宴。通知明日为起封汉印前往衙门献哈达……

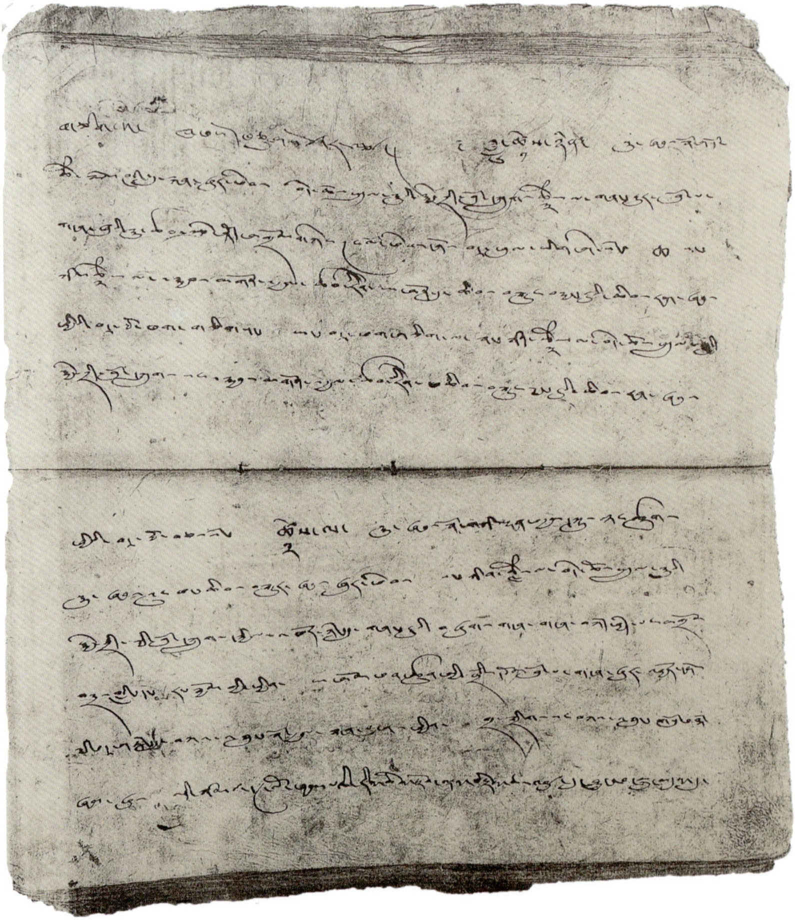

六月一日

三位噶伦前往策默林汇报，为三日举行德庆曲科活佛转世灵童掣签，发出按惯例孜雪卓尼去迎请金瓶的通知信件……

六月二日

……掣签在大昭寺金廓顶举行，卓尼扎林和让君前去布置坐垫，噶厦通事通知各衙门法官参加迎请金瓶……

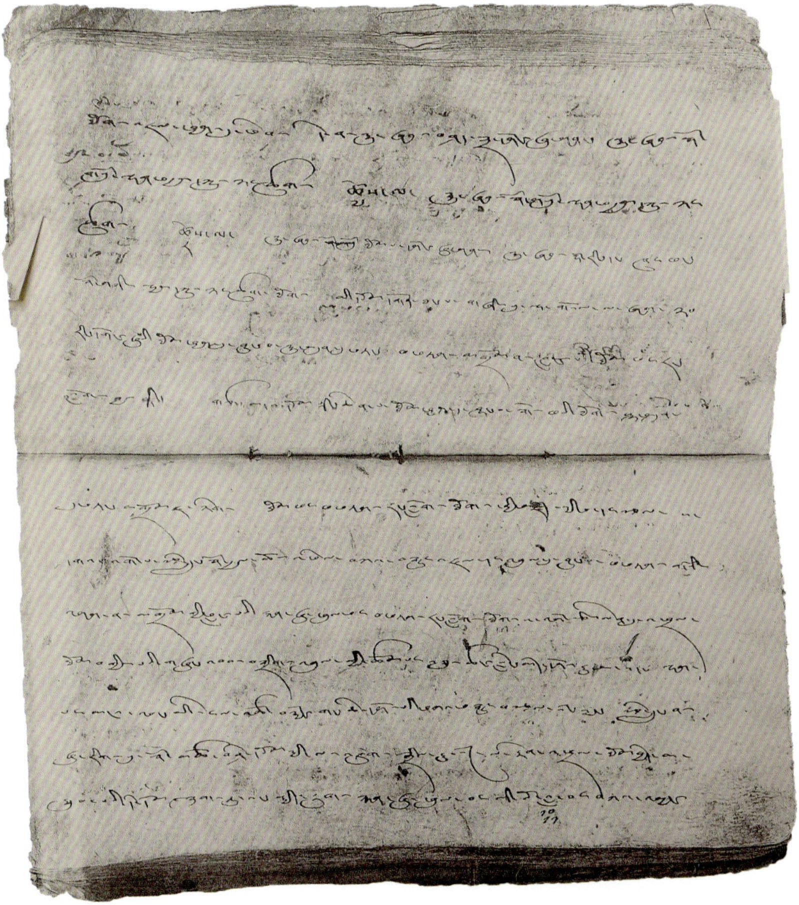

六月八日

吞巴噶伦请假。多仁、索康照常办公。米本贡唐巴请假 20 天前往豁卡祭神。……萨噶头人孜仲朗杰群培前来……传令即刻前往交接，要求圆满完成上缴政府的税收，尽力关照庶民。……

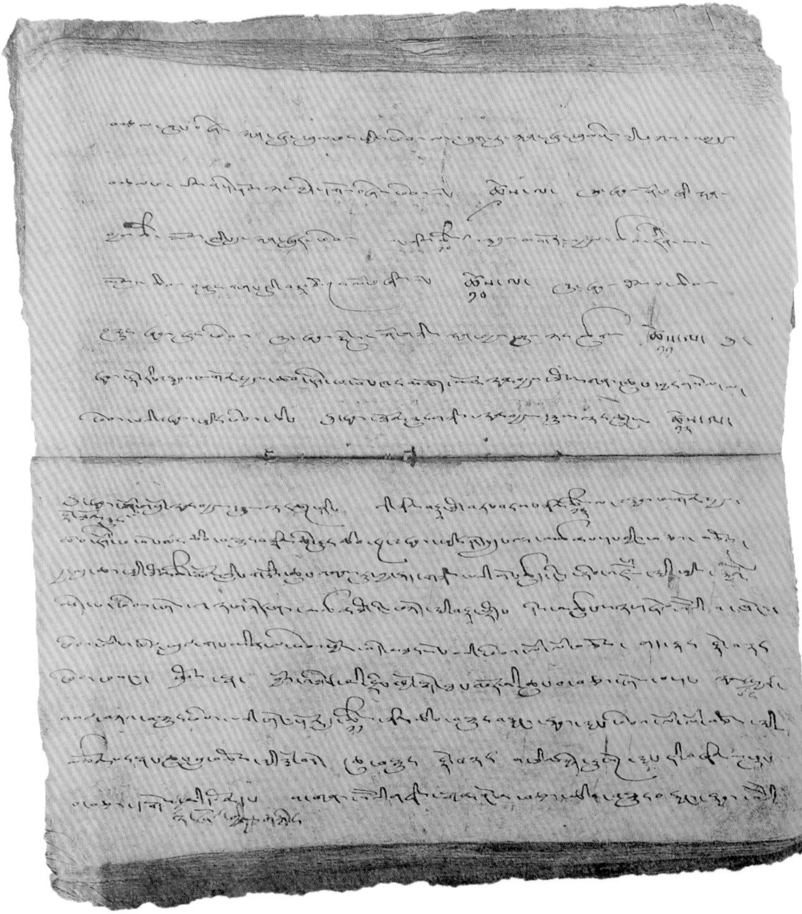

六月八日

……批准孜仲因故延期动身……

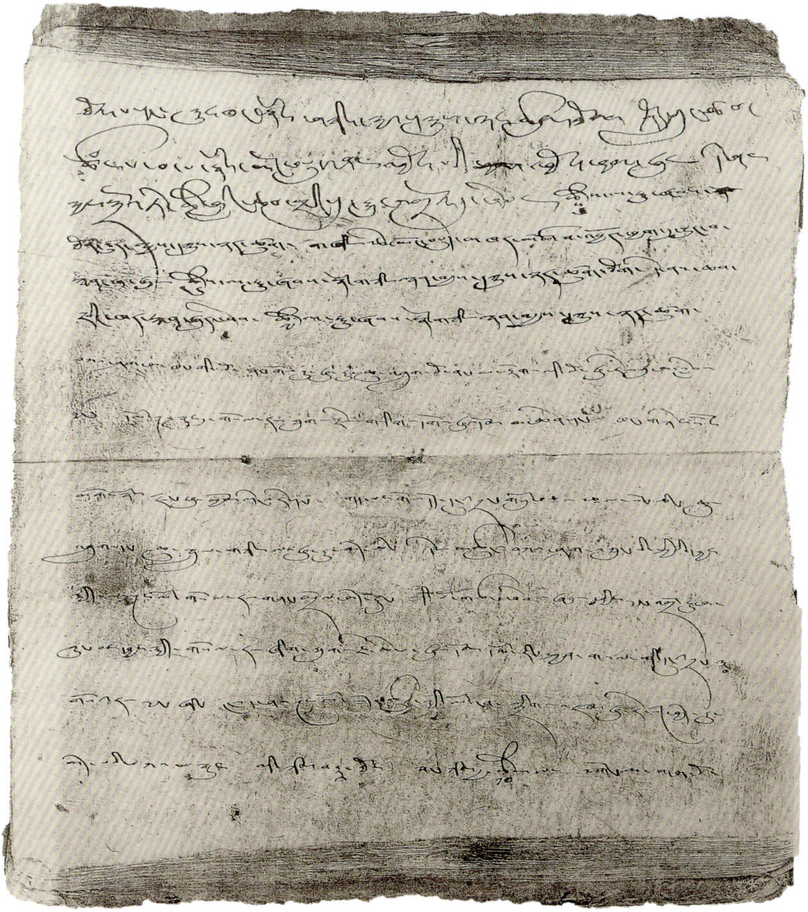

八月七日

两位噶伦照常办公。对噶厦官邸工作人员发给衣料等批准提前享受……噶厦通事夏宴……今可特殊赏钱，此后不能成为惯例。

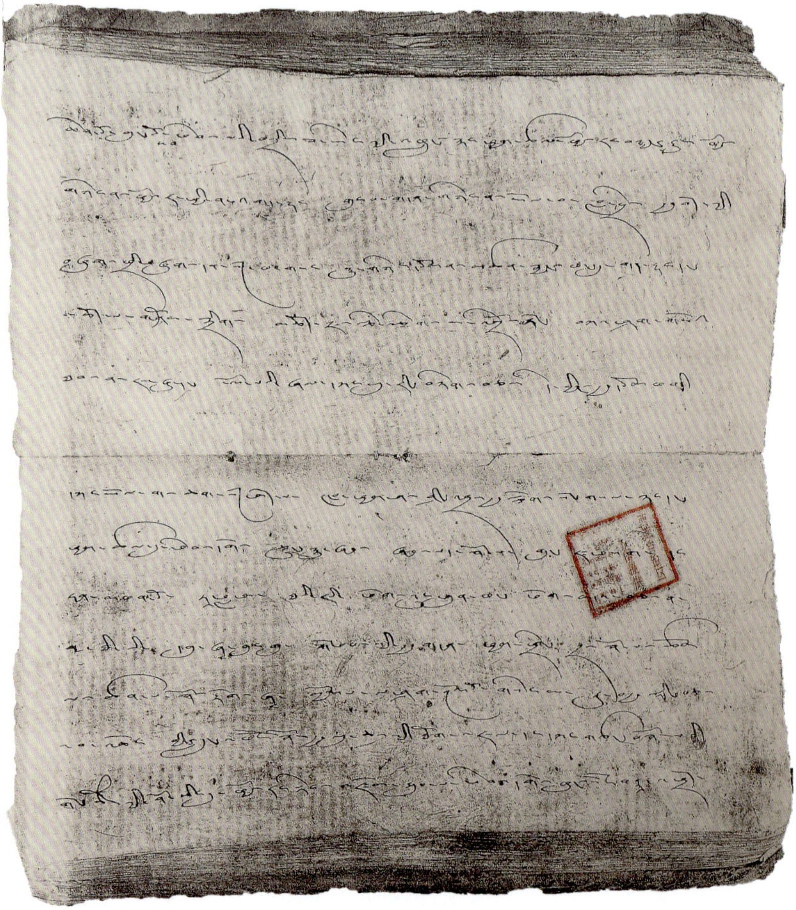

八月七日

发出通知：后天为大皇帝五十寿辰庆贺拜谒，在羌热举行，各有关人员做好一切准备……

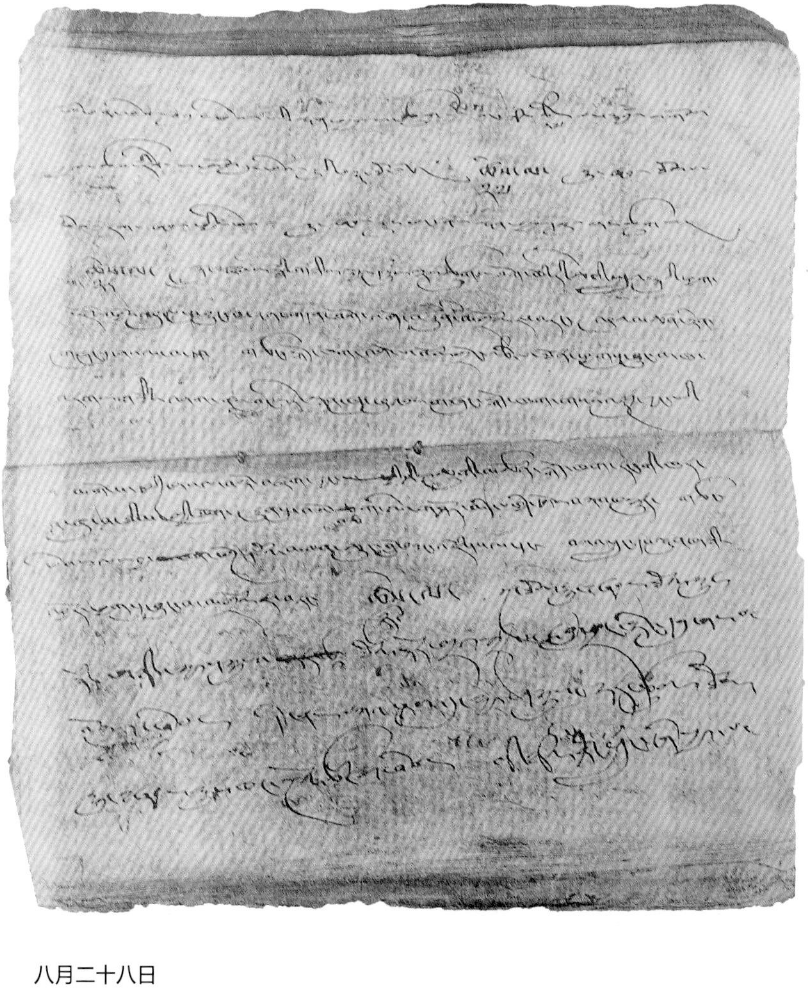

八月二十八日

两位噶伦照常办公，康区类吾齐活佛强佐前来报到送礼……后藏“归卡”头人盆冲孜巴前来辞行，领受旨令。

八月二十九日

吞巴、索康两位噶伦前往拉让楼顶视察排列处……雪仲格杰巴拟前往收粮前来禀报辞行。

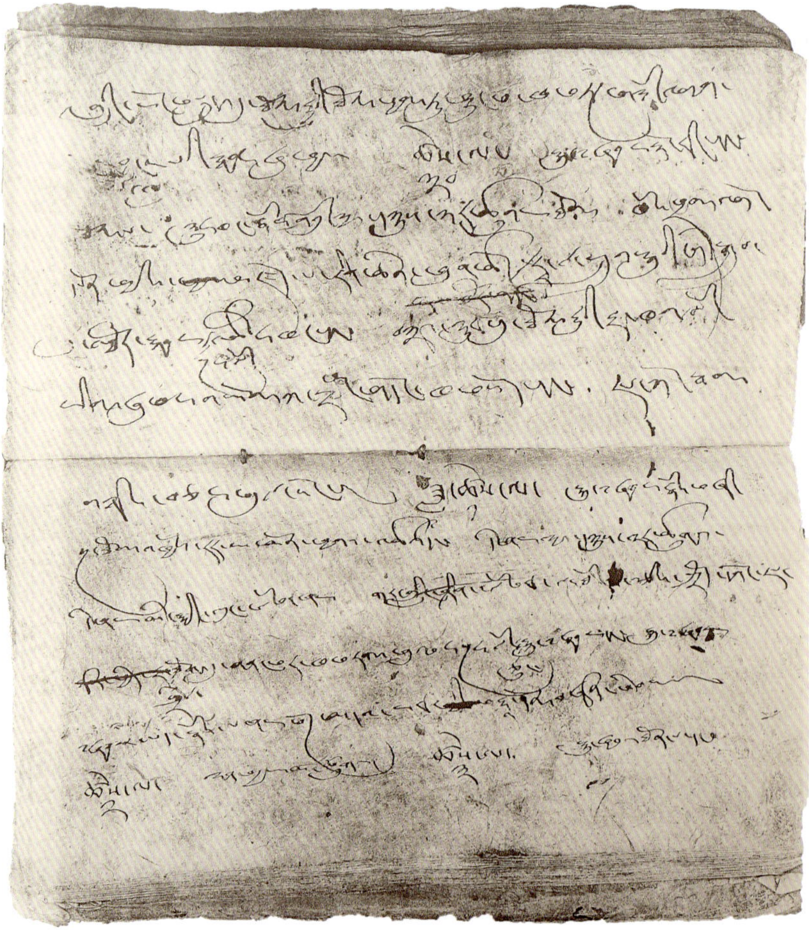

八月三十日

……康区炉霍佐巴为办理热拉活佛善事按惯例前来领取派差坐骑驮畜通行证。……

九月一日

上午四噶伦前往羌热衙门叩拜……美吉隆大臣向兴大臣交印章并设晚茶……

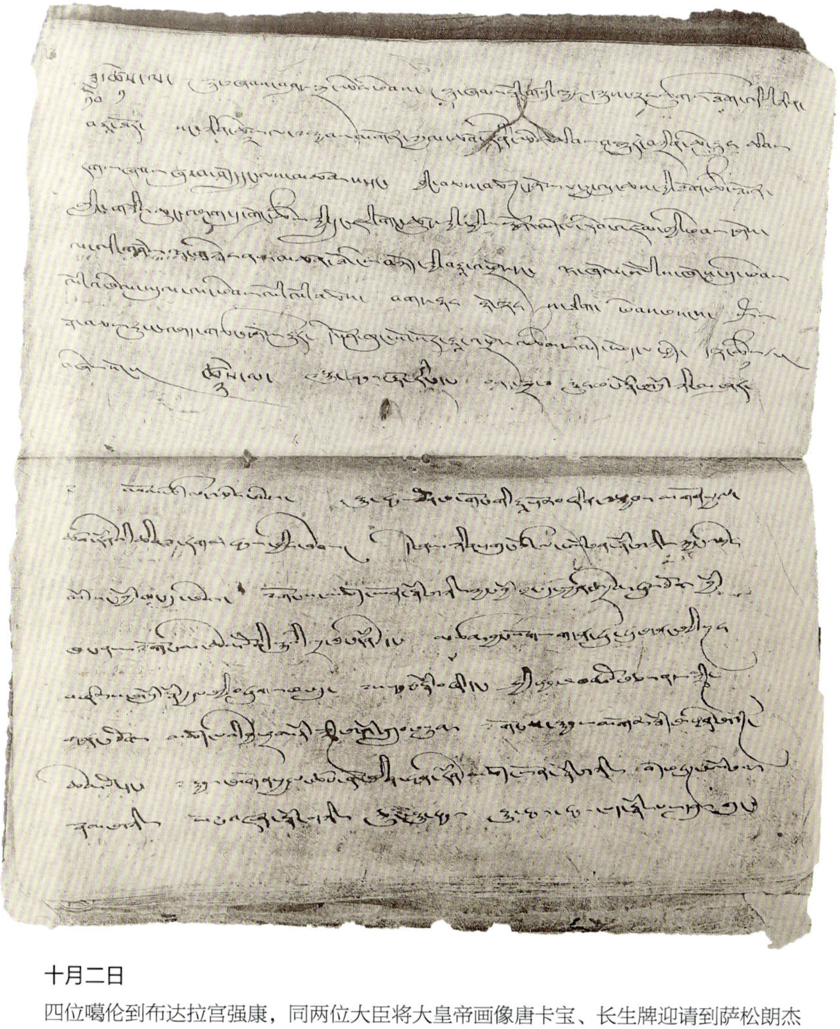

十月二日

四位噶伦到布达拉宫强康，同两位大臣将大皇帝画像唐卡宝、长生牌迎请到萨松朗杰摆放处，两位至尊和杰曹诺门汗，两位驻藏大臣，噶伦为首公爵、扎萨、达尔汗堪布、达喇嘛、台吉、颇本、代本及孜恰以上和四品以上向大皇帝画像宝叩拜……

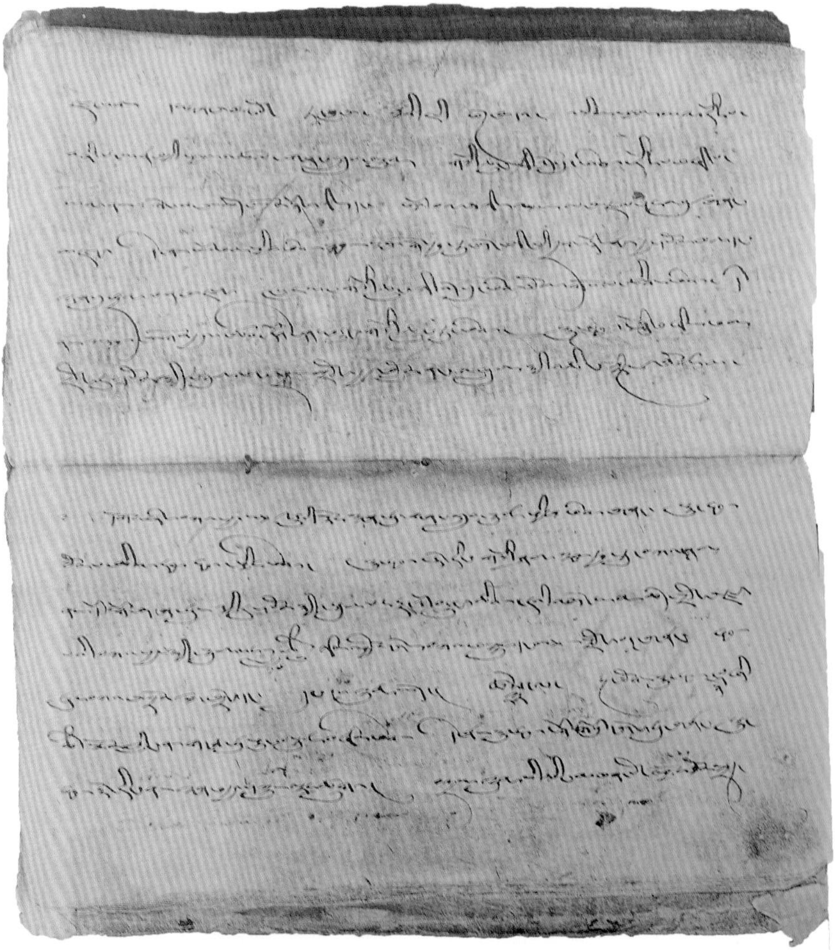

十月二日

四位噶伦汇报关于下令帕里宗如本吉普巴不用前往调解锡金王和大臣之间内部纠葛一事后返回……

序　言

郑　堆

文献是科学研究的基础，它用文本记载的方式记录历史信息，是研究一个区域、一个民族，乃至一个国家历史文化等各方面必不可少的重要依据，也是学术研究的可靠资料来源。文献研究往往还可以成为找寻历史真相的捷径，所以学科分类越来越细化的这个时代，文献学成为一门独立的研究学科而备受广大学界的青睐。

在漫长的历史发展长河中，藏族拥有了庞大而内容丰富的文献宝库。通过对这些珍贵文献的挖掘利用，对其进行科学的整理、注释，可以推进对古代藏族社会历史、文化、宗教等情况的深入研究，有助于研究做到实事求是，还原历史的真相。当今世界，由于信息化程度越来越高，具备跨区域跨国境的全球视野成为学术研究的一个重要条件。鉴于此，藏族学者在研究本民族的文化历史时，不应局限于传统的学术思路，而应自觉接受当今公认的学术研究理论和研究方法。如此，不仅使本民族的历史文化研究的科学性及文献价值大有提升，研究成果被国内外藏学界所接受和重视，而且本土学者的学术研究也将进一步走向成熟。

从上述意义层面而言，索朗多吉先生所著《噶厦日志译注》(བཀའ་ཤག་མགྲོན་དེབ་མཆན་འགྲེལ་མ།) 一书，就是运用现代文献学的研究方法，对古代藏文文献进行研究的一项重要成果。众所周知，《噶厦日志》是由噶厦礼宾处（བཀའ་ཤག་མགྲོན་གཉེར།）登记造册的记录西藏地方政府噶伦日程的一种文献，按照时间顺序记录了噶伦每日所做之事，还记录了节日等重要日子里互相邀请做客等事宜的程序、接待的方式和规格等；管家和各执事、僧众等的相关情况也在这一册子中以补充形式做了记录。通过阅读噶厦日志，可以窥见当时西藏地方政府的政事处理、地方时局、贵族的生活状况、各噶伦之间的人际关系等，对了解当时西藏历史的真相大有助益。

这一文献的另一价值体现在册子中所记载的有关藏族民俗、宗教仪式、审美观念、价值观念等藏族传统的人文习俗方面的内容。所以《噶厦日志》是一本集史料价值、民俗资料价值等于一体的难得的文献材料，它可与正史两相参照，是研究当时西藏地方历史等方面的重要参考。

《噶厦日志》《བཀའ་ཤག་མགྲོན་དེབ།》的原文过于简略，所记载的人物、时间、地点等要素，如不加以注解，很难做到一目了然。索朗多吉先生通过其细致的工作，解决了查阅这一文献时会遇到的这些问题，并对手册中的一些字句含义及人物、事件等做了注释，为研究者提供了便利。索朗多吉先生长期从事汉藏翻译和出版工作，他治学态度严谨，工作作风细致，值得我们学习和敬仰。今特作此序，以表达敬意。

2016年4月6日

目　录

噶厦日志：铁兔年（1831）

噶厦[1]日志[2]

（清道光十一年，藏历第十四饶迥铁兔年，1831年）

……成为主要或总领的是天之神、最高福田施主、最上供处檀越的佛语理应至高无上。……以上敬献哈达[3]……此处是遍入天幻化法中之罗摩衍幻化术，值得无比骄傲等世人无法想象、众人不敢目视的四大宰官[4]办公的噶厦机关，在这里每天办理的所有大小事宜，用文字记录在册是大王爷们的优良规矩。在此藏历铁阴兔年[5]日志里，谈及世间均喜之声：

一月一日[6]，当亮起佛善宿星[7]时刻，噶厦卓尼[8]和仲译[9]们穿上节日盛装，集中到大噶伦嘎喜瓦[10]公馆，依次敬献表示吉祥祝贺的哈达。此后，嘎喜和夏扎[11]二位噶伦到去往布达拉宫[12]的朵玛供[13]处，有赛朗巴[14]以上向至尊[15]施主[16]敬献两条哈达的惯例；吞巴[17]和索康[18]两位噶伦到羌热[19]去祝贺汉历新年[20]、叩拜衙门[21]，敬献哈达后，到布达拉宫。至尊上下在布达拉宫大殿入席后由赛朗巴以上敬献两条哈达。派遣二位噶厦通事[22]，前往邀请两位驻藏大臣[23]及汉官[24]也出席庆典，“雪”[25]瓷碗专管员摆放了配套的盖碗茶具、银勺及普通瓷碗15只左右；对以各位噶伦为首的颇本[26]（粮台）、代本[27]（军职，仅次于统帅）以上摆放了长柄瓷碗。随后，嘎喜和夏扎两位噶伦到衙门敬献哈达。

二日，四位噶伦为首着王子装[28]，前往布达拉宫。在大殿的新年庆典[29]上，政府全体职员按职别向至尊施主敬献两条哈达。摆放庆典油炸果子之际，按惯例派员邀请驻藏大臣，由噶厦卓尼在阔佐[30]楼上搭帐篷安排坐垫和茶具等，但因今年不出席朗木卓绳戏[31]，因此未邀请人和未作准备。按惯例由“雪”瓷碗专管员摆放从拉恰[32]接受的珍宝围裙[33]和从供品管理者手中接受的珍宝者长柄瓷碗。庆典结尾的朗木卓绳戏结束后，到东边寝宫向怙主杰曹仁波切[34]敬献哈达，并与杰曹的扎萨[35]喇嘛交换哈达。噶厦卓尼和仲译也向内寝[36]、扎萨、基巧堪布[37]的公馆敬献哈达。此日按惯例发出通知：明天三日，即怙主杰曹仁波切从布达拉宫到两处衙门一事的马队侍从、途中安排等项按惯例进行。到衙门送庆典果子份额一事由布达拉宫的翻译官办理。

三日，以多仁、夏扎、索康等三位噶伦为首的诸官员均在“汉规起床鸣枪”[38]时刻，前往乃穷[39]。禀报了乃穷降神师[40]代表、官邸管家、执事等到回民寺[41]所在地的平坝来迎接，由卓尼接纳哈达的情况。在乃穷寺入座后，由管家敬茶上饭，回赠降神师、管家、执事、众僧等所献哈达。雪巴[42]献会供曼荼罗[43]后，从乃穷果子中向护法神[44]献“果新”[45]一碟，在以噶伦们为首的达喇嘛[46]以上的茶几上每人摆了一碟优质干果，在台吉、颇本、代本、赛朗巴等俗官不论有无职位的茶几上每二三人摆一碟干果，孜卓[47]和雪准[48]每人一碟干果，对其余村寨头目按惯例赏果子。迎请护法神，神灵离开降神师后，降神师在殿前三层缎垫、管家在虎皮垫上入席后，由拉恰发送政府赏赐品外，对降神师献帕佐哈达[49]，对管家献其佐哈达[50]，对僧众布施 15 两（钱币）。朝圣后饮茶、转经。随时提供朝圣转经所需哈达。留下了从强佐手中领取的用于柱子和坐垫的 4 条其佐哈达。随后，由降神师亲自送众人行至乃穷天桥后告辞。降神师代理、强佐管家[51]、执事等送行到前面山嘴边，回赠了迎接时的哈达。为吉鲁（吉采鲁定）冲拉[52]卓尼江中[53]献一条其佐敬神哈达、两条索达哈达[54]。然后立刻到宗角[55]（布达拉宫后）庆典，入席后饮茶用饭。措钦[56]列队、训话完毕，回赠弹药库仲译、管家、翁则（领头）、四村寨庶民所献哈达。指定久雄、远射标记、写箭令员一名列参巴[57]，阔冲远射管理员一名普通俗官，报箭员两名侍从[58]。布达拉宫膳房[59]送来甜奶渣[60]、油炸果子、酥油茶[61]、米饭等，请膳房人入坐虎皮垫上用茶。对噶伦们上达赖喇嘛膳食[62]，对以颇本、代本、赛朗巴等不论有无职位的俗官，弹药库管家仲译，措钦村寨头人发加持[63]品，对膳房人员发从强佐处所取7碟干果和3碟油炸果子及一条其佐哈达，对两名助手发一条索达哈达和油炸果子。对报告甘丹经杆[64]树立完毕的两名米本（市民监，《东噶》2074页）和两名弹药库箭手敬银碗青稞酒；对两名“米本”献从强佐处领取的两条其佐哈达和油炸果子，对箭手献其佐哈达。对拉鲁[65]敬茶者发从强佐处取出的其佐哈达一条和索达哈达两条。三项箭术（远、平、直三种箭法）结束后，为排名次派去的两名德本[66]、代本，和噶厦代表——噶仲[67]绕夏[68]公子返回之际，盛面疙瘩，强佐献果子。对颇本、代本、赛朗巴为代表的各位俗官、百户长、管箭的头目、“弹药库”仲译和管家、四村寨头人、卡尔巴（舞者）等根据职位和人数发1碟干果，对措钦、帐篷者、坐垫管员、瓷碗专管、敬酒女、库房值班、园林守卫等赏油炸果子。此后，夏扎噶伦的宴请结束之际，开始第二轮射箭。结束后，在席位上就宴，前面的舞垫上卡尔巴们入座后献5首歌曲。东道方赏赐百户长、管箭的头目、弹药库仲译和管家、四村寨头人等，向卡尔巴献从强佐处领取的帕达哈达。列参巴和措钦头人唱三遍酒歌后敬酒，强佐向噶伦们献上等哈达，对其余献帕达哈达。留下从强佐处取出的柱子和坐垫其佐哈达4条。最后，面朝布达拉宫唱歌、“祝愿善神得胜”[69]，各回其公馆。吞巴噶伦按通知上午去服侍怙主杰曹仁波切的出行。此后来到噶厦。哲蚌寺[70]两名措钦协俄[71]和热角扎西康萨第巴[72]前来报到，向两名协俄献具达哈达[73]，扎西康萨第巴入坐在长条垫子上后，斟客茶并传令有关妥善安排好传召大法会[74]巨细活动等，回赠所献哈达。噶厦卓尼身着王子装、带其佐哈达和酥油茶到甘丹赤巴[75]下榻处进行慰问。吞巴噶伦去观看晚茶就位法会[76]。此日发出通知：明四日午宴请外宾客，在惯例地址帐篷者搭帐篷、坐垫管家按职位和人数安排席位、噶厦膳房准备客饭、强佐按名次准备干果碟数等均要妥善安排；邀请人：图培旺晓、嘉央次丹，恰格桑扎西，中仆3名，普通仆人4名，共10名均要到场外，有领路的要通知到领路人，无领路的要通知到各住处，不得有误。

另再次通知：上述日期的晚茶，为“库鲁苏空库”[77]死者提供斋茶斋饭人员“恰瓦叶”[78]，3名然强巴[79]施主的席位和客饭也要如上妥当安排。

四日，早上四位噶伦照常办公。此后，多仁、吞巴两位噶伦前往甘丹康萨[80]五十拜谒[81]的庆贺物品搬运处；夏扎、索康两位噶伦去观看祈祷大法会[82]；禀报马官色欣巴前来报到，所献哈达由卓尼接纳；按上述通知午宴和晚茶请蒙古宾客；此日按惯例发出通知：为怙主杰曹仁波切从布达拉宫出行到祈祷寺院的马队侍从，与2位噶伦、8名雪仲[83]列参巴、15名一般人进行，并整修沿途。

五日，上午按昨日通知，为出宫服侍夏扎和索康两位噶伦着黄缎盛装到布达拉宫；多仁、吞巴两位噶伦到星热[84]迎候并迎请到囊斯寝宫入席后按惯例敬献果子和哈达。此后，各位照常办公。新官冲巴凯前来拜见献哈达，放行至尊前并传令履行公务要求做到去留听从命令，回赠所献哈达。

六日，上午多仁、索康两位服侍怙主杰曹仁波切去朝观法会；此后，各位照常办公。

七日，多仁噶伦请假，三位照常办公；此后去朝观法会和晚茶法会。此日通知：明八日，怙主杰曹仁波切为中午法会布施，按惯例请迥先生[85]，各位噶伦、公爵、扎萨、达喇嘛等，每人带一条洁白的哈达，准时出席，并请通知各方，不得有误。即日。另通知：明八日晚茶请宾客，在惯例地址管帐篷者搭帐篷、坐垫管理者按职位和人数安排席位、噶厦膳房准备较好客饭、强佐按名次准备干果碟数份额等均要妥善准备；邀请人：嘉拉阿加格顿的商人丹巴平措和8名仆人均要到场，要通知到各住处，不得有误。即日。

八日，怙主杰曹仁波切及四位噶伦去朝观法会，为发放布施在寝宫对扎萨、达喇嘛以上献哈达；此后，夏扎、索康两位噶伦服侍朝观法会，朝观法会结束之后，四位噶伦照常办公。此日索康噶伦在噶厦以汉宴盛情款待，四位噶伦并邀请基巧堪布等主仆。

十日（九日缺），四位噶伦照常办公。禀报俗官日苏[86]为前往谿卡前来辞行，由森噶[87]接纳哈达。

十一日，上午朝观法会，然后四位噶伦照常办公。

十二日，夏扎噶伦请假。上午三位噶伦朝观法会后照常办公。去嘉黎纳雪[88]催征牛马差役的噶厦通事李朗杰前来辞行，回赠所献哈达并赏10条卡索[89]哈达。

十三日，吞巴噶伦请假。上午三位噶伦朝观法会，此后各位照常办公。为怙主杰曹仁波切的出行，和禀报为惠大臣[90]、兴大臣[91]的迎送，去汉属地和纳雪催征牛马差役的汉官索朗多吉前来辞行，由森噶回赠所接纳的哈达，并赏其佐哈达，认真告诫妥善办理所有事项。此日通知：后天十五日上午怙主杰曹诺们汗[92]仁波切启驾讲经，须来服侍和敬献哈达的有：迥先生，各位噶伦、公爵、扎萨、达喇嘛、台吉[93]、颇本、代本等按惯例盛装出席法会，各位噶伦为首赛朗巴以上每人带一条哈达；在朝圣的白拉觉[94]大祭处，由孜雪坐垫管理负责席位坐垫，由强佐和管库负责曼荼罗，由“雪”负责装扮牛羊，由马棚负责庆贺骡马，由弹药库负责全副武装的“森穷瓦”[95]。总之，不论通知中是否写明，各处都要按惯例安排好所有事项；出席大祭的各位噶伦为首代本以上按惯例盛装，赛朗巴以上每人带一条哈达，其余俗官不论有无官位都穿王子装。此事必须通知到各处，不得有误。即日。

十四日，上午四位噶伦朝观法会。此日，惠大臣为法会供斋茶斋饭。大臣来观朝法会时，在杰曹仁波切的宝座左方，一个汉式薄垫上垫两层缎子薄垫，平于宝座。在大臣宝座的左方摆有茶几，碟碗专管摆放了一套瓷碗茶具和几个茶碗，噶厦膳房敬茶。当大臣来到囊斯寝宫时，拉恰敬献两桌九碟干果。大臣回去后，四位噶伦在噶厦照常办公。朗木卓绳戏者前来辞行，回赠所献哈达并赏“索达”哈达和按惯例赏钱1两2钱。

十五日，上午四位噶伦前往服侍讲经。此后办公片刻，更衣坚斯盛装[96]后，到甘丹阳孜寝宫赴宴。四位噶伦随后到法会去朝拜、大祭吉祥天母[97]等大祭处，黄昏时在顶棚下夏吞索三位一起到政府供祭[98]前，由四位噶伦迎接大臣。此后多仁噶伦请假，三位噶伦去转经，各项惯例活动圆满成功。

十六日，上午去叩拜帕日衙门[99]。此后索康噶伦请假，三位噶伦照常办公。此日通知：后天十八日怙主杰曹仁波切到策默林，前往服侍的雪仲列参巴等15人以王子装，早法会一结束集中在拉让[100]楼上囊斯森穷噶，不得有误。本部下属拉涅[101]登记名单的同时，通知行程沿线各处搞好扫除、画白灰线[102]、排列石子[103]、沿路煨桑[104]、引香[105]等，不得有误。即日。

十七日，四位噶伦照常办公。此日通知：后天十九日为服侍三大寺[106]活佛执事，在康松[107]内，坐垫管理负责以甘丹赤巴仁波切为代表的活佛执事的宝座席位，噶厦膳房负责茶饭，拉让差德[108]和糌粑列空[109]负责油炸果子，碟碗专管负责茶具，器具管理负责铜器和竹篮等。此事通知各处，妥善准备，不得有误。即日。同时从铁棒喇嘛的助手和柴火管理手里拿来的三大寺活佛执事名单也一并另行发出。另通知：明十八日，新任策默林扎萨坐床，请前去献哈达的有：以迴先生，各位噶伦、公爵、扎萨、达喇嘛、台吉、颇本、代本、赛朗巴为首不论有无官位全体俗官早太阳照至布达拉宫顶上时分，着王子装并每人带两条洁白的哈达到策默林。此事通知各处，不得有误。即日。

十八日，早四位噶伦为策默林扎萨坐床，前往策默林献哈达。各公馆向怙主带有一条囊佐哈达[110]、曼荼罗供费钱币5两、缎子一卷、干果一包；向扎萨带一条阿喜哈达[111]、缎子一卷、呢子衣料一件、长条茶包一件、大米一包。此后，夏扎、索康两位噶伦未去办公，多仁、吞巴两位噶伦办公片刻。

十九日，多仁、吞巴两位噶伦请假。夏扎、索康两位噶伦上午照常办公。到扎什伦布[112]送政府年货的孜森噶桑杰白桑前来报到，入坐在噶伦前虎皮垫上并斟客茶，所献由卓尼接纳哈达，报告在公文册里。午间法会散后，两位噶伦到康松。代理卓尼丁甲[113]着王子装香引甘丹赤巴仁波切至宝座，入座后噶厦膳房敬茶，噶厦机关所摆果子按份额发给赤巴仁波切的官员随从。此后，丁甲接纳活佛执事所献哈达后，对各活佛回赠给于手上，对措钦格贵[114]、翁则[115]以下戴至脖子上。大家入席后，按程序斟茶上饭，发每人所得果子份额。由代理卓尼丁甲引香把赤巴仁波切送至班觉绕丹[116]。此后两位噶伦又继续办公。此日发出通知：后天二十一日，为天命文殊大皇帝[117]五十寿辰，本府代表色拉寺麦扎仓卸任堪布[118]洛桑门朗到京都致贺。本府要员为表示对天神大皇帝的庆贺，在索康玉卡[119]举行庆贺饯行，帐篷者负责良好的帐篷围幛，坐垫管理者负责坐垫，噶厦膳房负责厨具膳食等，要各负其责，安排妥当。为庆贺饯行，请迥先生，各位噶伦、公爵、扎萨、达喇嘛、台吉、颇本、代本等盛装并戴佛珠、汉垫，其余列参巴戴顶戴帽[120]并高中低俗官着王子装，不得迟到。请及时通知各处，不得有误。即日。

二十日，四位噶伦照常办公。装放大皇帝五十寿辰的拜谒信。此后为众神颂经和十五供[121]登记，前往康松去献哈达。随后，多仁噶伦为三位噶伦、基巧堪布、卓尼、仲译、森噶举行汉、藏餐盛宴。此日通知：明二十一日，为起封汉印[122]，前往衙门献哈达的有：迥先生，各位噶伦、公爵、扎萨、达喇嘛、台吉、颇本、营连排长等按惯例带上哈达，太阳照至布达拉宫时刻准时出席。并对孜卓尼发出按惯例敬茶慰问[123]的便条。

二十一日，上午按上述通知，朵、夏、索三位噶伦为大皇帝五十寿辰拜谒使者的送行，到索康玉卡，然后为汉印起封去献哈达。此后索康噶伦请假，吞巴噶伦去出行服侍，其他两位照常办公。此日通知：后天，二十三日，怙主杰曹仁波切去大祭守螺龙王天母，按惯例孜雪坐垫管理负责宝座坐垫，强佐、库房和糌粑房负责果子、曼荼罗，马棚负责庆贺骡马，雪负责装饰牛羊。须前往服侍并献哈达的有：迥先生，各位噶伦、公爵、扎萨、台吉、颇本、代本等以上人等均着盛装，赛朗巴为代表的仲科[124]列参巴以上着王子装，每人带 1 条哈达到拉让楼上，不得迟到，并对孜卓尼也发了信。同时按惯例发出在扎细清点骑手[125]的通知。

二十二日，四位噶伦一早前往查看马鬃烙印，然后前往布达拉宫叩拜至尊，在返回的路上为绕着布达拉宫到康昂东[126]，卓尼回赠政府赛跑人马的头人所献哈达。随后前往哲（蚌）林（卡）玉卡[127]查看各马队，卓尼回赠各马队头人所献哈达。从此地马上去送前任颇本陈大老爷[128]，在索康玉卡由噶厦膳房敬茶，回赠三位噶伦所献哈达。然后各回公馆。此日发出外请宾客出席的通知。此日四位噶伦去朝观晚间法会并按惯例安排两位亚索[129]总管及诸人的坐位和敬茶，传令妥善办理各项活动。

二十三日，四位噶伦前往扎细清点骑手。各项仪式结束后，前往大昭寺楼顶服侍大祭。[130]

二十四日，四位噶伦办公片刻后前往甘丹阳孜寝宫，然后服侍怙主杰曹仁波切到贡斯寝宫，观看驱鬼朵玛[131]仪式。此日通知：明天二十四重日，怙主杰曹仁波切从祈祷大法会寺到小昭寺[132]朝圣，按惯例发出作好出行服侍和沿途各项准备的通知。

二十四重日，上午到苏穷[133]服侍怙主杰曹仁波切、美吉[134]大臣也驾到。此后观看迎请强巴佛[135]、赛马赛跑、摔跤抱石[136]等项活动。吞、苏两位噶伦去服侍怙主杰曹仁波切，两位噶伦办公片刻。两位哲蚌措钦协俄（铁棒喇嘛）和茶叶监管员寨康第巴[137]前来辞行，放行至尊前，献具达哈达并让第巴入座在氆氇长垫上斟茶，回赠所献哈达并向每人献其佐哈达，对煨桑者赏哈达和钱币1两2钱。

二十五日，四位噶伦办公片刻，然后到宗角观看寨北跑马比赛[138]。一入席就敬酒、敬茶、盛饭。大总管呈送右翼名册，确定两名列参巴为记录射箭射击成绩者。此后，依次观赏骑手们的马术表演。右翼的表演结束后盛饭，孜膳房来人敬茶、送膳食，来者坐在东面颇本和代本之后并饮茶。返回时由强佐赏其佐哈达、果子份额，对两名朗生仆人[139]赏果子份额。膳食摆放在各位噶伦的茶几上，对“亚索”总管、颇本、代本、赛朗巴为主的代表不论有无职位的仲科、强佐、记录成绩者等平均摆放膳食。对拉鲁的敬茶酒人员献一条其佐、三条索达哈达。亚索马术结束后赏哈达，对赛手和助手也赏哈达，大家入席之后献膳茶，从膳房膳食中对两名亚索总管、蒙古亚索助手等每人发一碟，对颇本、代本为首各位仲科（不论有无职位）和诸亚索，每两三人上一铜盘膳食。赏赐负责帐篷、坐垫、银器、青稞酒、值班、扫除、守林人员和卡尔巴、炊事员；留下由强佐发给的柱子和坐垫其佐哈达 4 条，上结束茶后返回。

二十六日，三位噶伦在噶厦集中后前往宗角，夏扎噶伦从拉鲁来，入席后上茶上酒。两名普通俗官在东西两根柱子前的方桌前，报箭号并确定作射箭记号者绕夏少爷、作射箭记录者弹药库秘书、“求雄”蒙古作射箭记录者两名仲科。古装武士队列行礼后入座，骑士们也进入规定画线后，雪朗玛[140]上糌粑，对“热”（六氏族人种之一）装更衣者由卓尼发给。此后去观赏射箭，上茶酒饭。噶厦仲译记录射箭成绩后发给哈达。所有箭集中后，由卓尼盖章，派人送至吉祥天母检阅。到别墅后敬茶酒。然后奖赏骑士和公家马匹。在射箭场为四位噶伦每人安排一名仆人、八名古装武士，并在跟前敬一银碗上等青稞酒。此后依次射三箭，布达拉膳房献茶者坐在普通垫上并为他斟客茶。按惯例对膳房人员和管家、朗玛赏巴达哈达和份额果子。此后，吞、索二位噶伦去排名次，返回后上茶酒、八宝饭、份额果子。东道主给两名亚索总管、蒙古亚索、图齐[141]、颇本、代本、“求雄果巴”（音）[142]等每人赏一碟干果；对诸亚索、列参巴等每两人赏一碟干果、一小竹筐果子；给村寨头人、弹药库管家、射手、四定[143]等每人赏一小竹筐果子；给村寨众人赏三竹筐果子；给负责帐篷、坐垫、值班、清扫、青稞酒、银器等每人赏一竹筐果子。此时射三箭。然后开始中轮射箭比赛。此日惠大臣在别墅帐篷内坐在汉式坐垫上，安排两名噶厦通事管理，大臣从射箭开始坐到中轮射箭比赛。比赛结束后进膳，卡尔巴献演轻音乐；从膳食中对亚索总管、蒙古亚索、图齐主仆、“求雄果巴”、诸亚索、后藏[144]代本代表等按惯例赏茶。然后由村寨头人、亚索、列参巴等唱三次酒歌，由强佐给他们戴哈达。所有官仆全体起立面向布达拉宫唱歌，祝愿善神得胜。各自返回。

二十七日，此日没有办公。

二十八日，夏扎、索康两位噶伦请假，其他两位噶伦照常办公。

二十九日，四位噶伦照常办公。

三十日，上午四位噶伦去羌热衙门[145]叩拜。此后夏扎、吞巴两位噶伦照常办公。禀报对堆豀堆孜仲[146]班觉伦珠和扎其豀堆[147]戴顶戴，前来受令，在森噶由卓尼接纳哈达。

二月一日，上午四位噶伦按照对各公馆所发清单内容，去送美吉惠大臣的生日礼物。此后吞巴请假，三位噶伦照常办公。此日通知：后天，三日，怙主杰曹仁波切大祭乃穷护法神，为起程服侍五名雪仲列参巴和其余十人以王子装束，半夜第一次鸡叫时刻到策默林寝宫门，本部下属涅仓务必登记姓名并由坐垫管理负责宝座坐垫，认真作好沿路整修、打扫、排列卵石、煨桑、画白灰、引香等项，不得有误。同时以便条通知雪、马棚、弹药库涅巴和仲译、乃穷涅巴等各处备好庆贺骡马、装点牛羊、全副武装的骑士、列队羌姆舞者[148]。另通知：明汉历（农历）三日为阿典庙[149]、九日为龙王潭[150]、十日为扎细关帝庙、十二日为冲康庙[151]的春季祭神日，须前往叩拜的有：四位噶伦、颇本、代本、营连排长。每人带两条哈达按时前往，不得有误。

二日，四位噶伦到阿典庙祭神，没有办公。

四日（三日缺），索康噶伦服侍怙主杰曹仁波切到乃穷；三位噶伦前往布达拉宫入库珠宝装饰。此日没有办公。

五日，四位噶伦照常办公。禀报仁宗[152]丁甲前来辞行，由森噶接纳哈达。

六日，四位噶伦前往策默林汇报。应美吉引路副手邀请，为回民之事到衙门后，再次前往策默林。

七日，多仁、吞巴、索康三位噶伦照常办公。吞、索两位噶伦应邀前往策默林。

八日，多仁、夏扎、索康三位噶伦照常办公。原肖多谿堆[153]查噶尔囊巴[154]前来报到，禀报由森噶接纳哈达，并传令：你在肖多期间，因工作没有受损，考虑到工作的艰难，故任命为吉隆[155]宗堆，立即出发接收工作。

九日，上午四位噶伦前往龙王潭祭神处迎候。然后夏扎、索康两位噶伦到布达拉红宫一带巡视维修工程。多仁、吞巴两位噶伦照常办公。送扎什伦布年货的孜仲丹增桑布前来辞行，在虎皮垫入座并斟客茶，按惯例赏辞行砖茶、所献哈达和其佐哈达，报告费用等。

十日，上午四位噶伦去扎细关帝庙祭神迎候。然后照常办公。

十一日，吞巴、索康两位噶伦照常办公。草料官[156]巴卡洛·主杰已上任并前来报到，放行至尊前，对其传令：以公心积极办好各项工作，回赠所献哈达。穷结[157]宗堆德吉绕丹巴返回；弹药库仲译达唐巴，为洛扎[158]四宗封存永备仓和近期穷结马草官的移交，前来辞行，禀报由森噶接纳哈达。并传令：德吉绕丹巴要求及时到位联手人的命令虽已下达，但你也要敦促即时到位；弹药库仲译达唐巴为有关工作事项嘱咐代本和联手人，在不贻误工作的前提下即可出发，封存永备仓和马草官的移交工作，应按公务规章妥善办理。回赠所献哈达。然后，索康噶伦前往策默林汇报，多仁、夏扎两位也一同前往。

十二日，上午四位噶伦到冲康祭神；此后吞巴噶伦请假，多仁、夏扎、索康三位噶伦照常办公。为扎细阎王[159]殿以往虽赏钱数额不等，从今年开始规定为钱币 2 两，并通过噶厦通事拉旺赏发；马头明王殿过去惯例赏 4 两钱币，从今年开始也按同上改为 2 两，并通过美吉通事白玛赏发。

十三日，上午四位噶伦前往布达拉宫和策默林，汇报有关宫殿维修事项。然后，多仁、夏扎两位噶伦请假，吞巴、索康两位噶伦照常办公。明十四日为有关上述宫殿维修重要事项，到乃穷问卜，发信要求乃穷涅巴为此做好准备；由布达拉宫准备所需砖茶两块、法会代金 3 两、炒青稞两纸包、“金新”（上等金）两包、名数两个等并加盖内官印；由噶厦准备敬神的其佐哈达 10 条、索达哈达 16 条，赏赐索协[160]哈达 20 条、对神师和涅巴各一条其佐哈达。对帕热衙门的通知和布达拉宫卓尼的便条已发。

十四日，四位噶伦和基巧堪布等在汉式起床号时，骑马前往乃穷，由乃穷涅巴引香并入座后上茶饭和果子；回赠由乃穷神师、涅巴、执事等所献哈达后，作引请和问卜的准备，引请完毕进行朝拜。随即敬茶和肉膳。在主殿前，为神师和涅巴按职位安排座位并对神师献上等其佐哈达，对涅巴献其佐哈达、赏钱 3 两。转经[161]完毕立即前往布达拉宫汇报。根据问卜结果，人王[162]夏扎噶伦担任宫殿维修总管，立刻为占吉日[163]留在布达拉宫；三位噶伦和基巧堪布前往策默林汇报之后，各回公馆。

十五日，上午多仁、夏扎、吞巴等三位噶伦按上述通知前往磨盘山衙门。然后照常办公。索康噶伦请假。扎细谿萨康丹巴协噶[164]宗吉，按命令为准备仆人、坐骑、驮畜出发到谿卡，前来报告辞行时，传令道：如不延误扎细的农务和日常税收，可以如此。回赠所献哈达。

十六日，夏扎噶伦请假。多仁、吞巴、索康三位噶伦照常办公。不丹逢年朝贡者代表多吉和巴卓[165]的商人益西前来报到，放行至尊前。逢年朝贡者代表在虎皮垫上入座，巴卓的商人在长垫上入座，并斟客茶和进行言语慰问。见面礼和呈文详见于礼品登记簿。为五十祝寿人员堪布和汉官驻藏惠大臣返回送行并隆大臣[166]入藏，前往汉属区催征牛马差役的噶厦通事伊娃子（音译）和库图（音译）贡噶扎西前来辞行。虽只有赏通事之惯例,但因去年对库图噶托赏布料，请求赏赐时，对噶厦通事赏砖茶、布料，对库图赏麻质布料两幅和花布一块。回赠所献哈达并对每人赏其佐哈达一条，传令妥善办理各项工作。此日基巧堪布从布达拉宫来商关于带领天人怙主遍知至尊前往帕邦喀[167]事宜，并对各部门发出妥善准备好出行沿路各项事务的传令信。此信十六日发出。

十六日，夏扎噶伦因病请假。三位噶伦照常办公。木猴年经请求汉藏官赐任的拉达克国师不丹阿扎活佛返回叩拜孜（达赖喇嘛）雪（杰曹），并对噶厦也经噶厦卓尼赠送呢子一包和慰问哈达。即刻回赠谢意之哈达。禀报吉隆新任宗本扎噶瓦前来辞行，由森噶回赠所献哈达，并传令务必备案立即接收吉隆宗的情况，同时在边境妥善无疑地作好所担负的各项工作。

十七、十八日，多仁、吞巴、索康三位噶伦照常办公。

十九日，多仁、吞巴、索康三位噶伦在涅仓因询问回民阿夏阿里，没有照常办公。

二十日，上午四位噶伦为排列会供法会[168]的斋茶，前往策默林。多仁、吞巴两位噶伦前往衙门参加朗如、温、曲龙[169]、噶厦森噶等的任命。然后去何大老爷衙门。

二十一日，夏扎、吞巴、索康等照常办公。温谿卡的新任谿堆孜仲阿索和曲龙新任谿堆尼玛群培两位前来敬献受令哈达。禀报由森噶接纳哈达，并传令道：经汉藏官商议任命你二人，以所发通行证为证，不得贻误所担负的各项工作。

二十二日，上午为修建美吉衙门新庙做客看戏，并为新庙赠送褐子和爆竹，以汉式叩拜，向大臣敬献哈达。四位噶伦观戏至汉规起床鸣枪时刻才各回公馆。

二十三日，夏扎、索康两位噶伦请假；多仁、吞巴两位噶伦照常办公。任命噶厦噶巴[170]友拉瓦，姜[171]谿堆孜仲阿旺格桑二人前来敬献受令哈达，禀报由森噶接纳哈达并传令道：要立刻到位就任，认真负责各自的工作；禀报雪仲门科堆巴前来报到，由森噶接纳哈达并传令道：会供法会结束前要担任代理噶巴；由卓尼江中为赤巴仁波切送茶和慰问品，并送回赠品。

二十四日，夏扎噶伦上布达拉宫，索康噶伦请假，多仁、吞巴两位噶伦照常办公。

二十五日，多仁噶伦上布达拉宫，夏扎噶伦前往策默林，两位噶伦照常办公。后天二十七日为服侍活佛执事的通知如同传召发出。

二十六日，多仁噶伦前往布达拉宫，夏扎噶伦请假，吞巴、索康两位噶伦照常办公。

二十七日，夏扎噶伦前往布达拉宫，三位噶伦照常办公。然后，按上述通知为服侍活佛执事前往康松，按惯例仪式就绪后散离。卓尼江中着王子装束前去为赤巴仁波切引香和接纳执事哈达。明二十八日为怙主杰曹仁波切出行至衙门的服侍及修整道路的通知已发。

二十八日，吞巴噶伦按上述通知前往服侍；多仁、夏扎、索康三位噶伦照常办公。发出两个通知：明二十九日的驱鬼[172]和三十日的僧队仪式[173]，一、请以迥先生为首的各贵人和不论有无职位的雪仲到乃康[174]楼上；二、请外来宾客及备好帐篷、坐垫、客饭等。

二十九日，上午多仁、吞巴、索康三位噶伦照常办公。然后据秀林巴的报信，前往康松观看驱鬼仪式；噶厦卓尼江中着王子装束，去给乃穷护法神献阿喜哈达一条；应邀多仁、夏扎两位噶伦前往衙门，按大臣的关于延期宫殿建筑的指示，前往策默林汇报后又为此事前往衙门；吞巴、索康两位噶伦，因通告回民阿夏阿里和行会会首，一直在康松办公到傍晚。发出明三十日按惯例到羌热为衙门叩拜的通知和致布达拉宫卓尼的信。

三十日，一清早三位噶厦卓尼前往康松检查坐垫安排和到羌热衙门准备迎候；然后卓尼恰仓和江中两位到乃康楼顶查看坐垫安排情况，卓尼格林在衙门叩拜处服侍。在乃康楼顶由布达拉宫坐垫管理负责迥先生、各位噶伦、扎萨、达喇嘛、台吉、颇本、代本、不论有无职位的雪仲等和三大寺的活佛执事、孜雪卓尼、布达拉宫膳房等的坐垫。按惯例由雪坐垫管理安排两位大臣的汉式宝座及其他汉官的坐垫。在乃康楼顶的三顶帐篷下，各按规格席位安排了拉达克国师、不丹逢年朝贡者、九世大怙主[175]的侄子等的座位。按惯例发给客饭、果子份额等。然后，僧队临近时刻，羌热衙门叩拜完毕，多仁、夏扎、吞巴三位噶伦前往观赏僧队排列；索康噶伦服侍怙主杰曹仁波切的同时前往布达拉宫。僧队仪式就绪后，又返回康松验收僧队器具。各回公馆。

三月一日，四位噶伦照常办公。穷结宗堆卓卡瓦前来报到和雪仲格杰巴为曲水[176]交接前来辞行，禀报在森噶由卓尼接纳；两位措钦格贵、茶管扎西康萨、煨桑人等前来辞行，协俄（格贵）在虎皮垫上入座，扎西康萨和煨桑者在氆氇长垫上入座并斟客茶，在各方面指教后回赠各自所献哈达的同时，按惯例赏其佐哈达，对煨桑者赏索达哈达和赏钱 1 两 2 钱。

二日，上午四位噶伦前往两个衙门后，前往布达拉宫汇报。

三日，多仁、索康两位噶伦照常办公。夏扎噶伦服侍杰曹仁波切从布达拉宫到策默林后，马上到噶厦照常办公。此日，为明四日在金廓顶[177]举行的岗布活佛和扎其麦龙活佛的掣签，由卓尼去安排坐席等项事务。令噶厦两位副通事通知衙门，为金廓顶的准备任噶厦通事大朗杰，索康噶伦前往布达拉宫迎请掣签瓶，寝宫噶传令涅仓主管负责为掣签出行的服侍、沿途整修等项工作。

四日，上午按照上述传令，多仁噶伦前往出行服侍，三位噶伦出行前先去甘丹阳孜寝宫，然后到金廓顶；两位大臣也出席；掣签仪式圆满结束后，多仁噶伦继续服侍出行，夏扎噶伦同向衙门[178]一行前往衙门；吞巴、索康两位噶伦照常办公。下班后前往索康林卡[179]出席夏扎噶伦的宴请，噶厦卓尼和仲译们也遵令参加。

五日，多仁噶伦照常办公。禀报噶雪仲译多卡、囊林两位按令起程，前来辞行；传令至尊大怙主出行帕邦喀前务必前往出行服侍。按惯例发出通知：后天八日按常规“杰朵”[180]即：“八日朵马”时，为夏装[181]献哈达；为服侍杰曹仁波切出行至布达拉宫，雪仲列参巴等15人认真作好整修出行沿路等项。吞巴、索康两位噶伦认真巡视河坝并记录兴修和维修河坝地段，指示管理搭挡需做事项。然后前往索康林卡赴夏扎噶伦的宴请。多仁噶伦也出席宴请。先后两天在林卡尽情享乐，官仆均特别快活。

六日，多仁、吞巴两位噶伦照常办公。禀报到墨彤玻噶的封存永备粮的弹药库仲译平措绕丹和中巴两人前来辞行，由森噶接纳哈达并传令道：要按府规妥善完成命令所要求的各项工作，并要求务必赶回服侍至尊前往帕邦喀的出行。多噶尔次成前来辞行，放行至尊前，回赠所献哈达，作为特例赏其佐哈达和一件粉红呢子衣料。

八日（七日缺），是常规的杰朵夏装。上午三位噶伦按通知前往衙门，此后上布达拉宫献哈达。索康噶伦上午为杰曹仁波切的出行服侍前往布达拉宫，送行后前往衙门。

九日，多仁、吞巴、索康三位噶伦照常办公。去复查青稞粮食的孜恰桑颇[182]台吉、雪涅萨琼少爷和孜准夏嘉朗卡前来辞行，台吉、少爷在缎子垫上入座，孜准在虎皮垫上入座，并斟客茶。离开时回赠所献哈达，为各项事宜作指示；禀报雪仲贤强巴前来献就职哈达，回赠所献哈达的同时，传令要尽力掌握知识等；禀报新任边坝[183]宗堆雪仲充措囊巴，同乘马信使从谿卡来到后，前来报到，由森噶接纳哈达。并严厉地传令道：要讲明你不仅没有在假期期满前按时回归，而且无视发出的5次命令，至今不归的缘由。其人回禀道：不是无视上官命令而游荡，只因本人欠债累累，甚至连路途的费用都筹措不起的缘故拖至今日。此后传令道：此事报告内寝后再来决断。

十日，索康噶伦独自照常办公。塔工地区[184]粮食复查和入库管理赤门[185]少爷检察官在尊前辞行，在缎垫上入座，斟客茶，作了有关工作事项指示后回赠所献哈达；雪仲努玛瓦[186]为封存永备粮，前往仁布、南木林[187]前来辞行，禀报由森噶接纳哈达并传令按令即刻辞行，各项活动按我府规矩办理，至尊仁波切出行至帕邦喀的服侍，不得有半点差错。

十一日，因四位噶伦前往策默林汇报，此日没有办公。

十二日，多仁、吞巴、索康三位噶伦照常办公。龙夏[188]审计前往贡噶、南木林、仁布等三地粮食复查，禀报前来辞行，由森噶接纳哈达，并传令要求按规章秉公办理各项工作，不得顾及情面，回赠所献哈达。为送行驻藏惠大臣，按兴大臣时的规矩，每公馆要备哈达、呢子衣料一件、价值 4 两的点子花氆氇两卷、价值 4 两的单色氆氇两卷等的清单，发给了各公馆。此后前往大臣府赠送临别礼物处。

十三日，上午四位噶伦因前往美吉大臣处，赠送噶厦的临别礼物，没有照常办公。按惯例发出后天十五日到磨盘山衙门的通知、布达拉宫卓尼的信件、十四日杰曹仁波切出行至布达拉宫的服侍人员和整修沿途道路的通知等。

十四日，索康噶伦按上述通知前往出行服侍；三位噶伦上午照常办公；然后，为布达拉宫的时轮[189]"卡尔羌"[190]前往布达拉宫。

十五日，四位噶伦因上午前往磨盘山衙门，然后前往策默林汇报，没有照常办公。

十六日，四位噶伦照常办公。噶厦仲译卓卡瓦前来受令，禀报由森噶接纳哈达；禀报雪巴次丹、米本涅巴边巴为授予官位，前来晋见，由森噶接纳哈达；禀报林噶[191]宗堆林巴前来报到，由森噶接纳哈达。

十七日，夏扎噶伦前往希康[192]，三位噶伦照常办公。旺堆兴卡[193]的“贾神”[194]祭神，原惯例赏钱币1两2钱和一袋大米，因今年佛事活动量大之故，特例赏赐和惯例一并赏大米一袋和银币4两。今后仍按惯例进行，此次不得作为标准。

十七重日，夏扎噶伦前往希康，三位噶伦照常办公。前往塔工地区复查粮食的孜准拉顶阿然巴前来辞行，放行至尊前，入坐在虎皮垫上，斟客茶，回赠所献哈达。

十八日，多仁、夏扎、索康三位噶伦照常办公。噶厦卓尼江中巴为归顺百姓前往江达地区，前来辞行，放行至尊前，回赠所献哈达并赏其佐哈达和按砖茶计算的布料。

十九日，四位噶伦照常办公。

二十日，多仁、索康两位噶伦请假，夏扎、吞巴两位噶伦照常办公。

二十一日，吞巴噶伦请假，三位噶伦照常办公。扎什伦布犏牛收购者孜仲丹增前来报到，所献物品登记在册，人物见面礼一条其佐哈达和8捆香，由卓尼接受后送上。

二十二日，夏扎、索康两位噶伦照常办公。禀报边坝宗堆雪仲充措囊巴前来辞行，由森噶回赠所献哈达并传令立刻日夜兼程地前往边坝，为驻藏大臣到达同上地点，认真做好以坐骑、驮畜、人役等为主的各项准备，不得有误；平日自己所担负的各项工作做得官民上下都满意。

二十三日，多仁噶伦前往桑益[195]洗温泉，吞巴噶伦请假，索康噶伦为服侍怙主杰曹仁波切前往衙门，夏扎噶伦照常办公。王克（音译）通事为办理大臣迎送的先行物品，前往马尔康[196]，禀报前来辞行，由卓尼接纳哈达，回赠所献哈达的同时，赏其佐哈达和为路途特赏按砖茶计算的布料，并传令路途要做到不蹂躏百姓，不丢失货物。

二十四日，夏扎、索康两位噶伦照常办公。

二十五日，夏扎、索康两位噶伦前往布达拉宫，吞巴、索康两位噶伦上午办公片刻后，在冲赛康同其美颇本会面，对西宁人进行货物清查和人员清查。此日发出通知：后天汉历二十七日，在布达拉宫将大皇帝画像唐卡[197]迎请到强康[198]，为此需要前往站排[199]和敬献哈达的有：迥先生、各位噶伦、公爵、策默林扎萨、功德林[200]扎萨、丹杰林[201]扎萨、霍尔康[202]扎萨、达喇嘛、台吉、颇本、代本、拉鲁少爷及带四品品级的人员着新衣，佩戴顶戴官帽，按各自的官位每人带五条哈达，在布达拉宫早茶时刻准时到场，不得迟误；为此也要务必通知到有关各处。关于扎细何总爷（译音）逝世祭奠，根据水鸡年十月二十日笔帖式何大老爷（译音）祭奠规模，今日译仓官员也为扎细何总爷的祭奠，派噶雪阿旺扎西老师和噶厦通事加囊二人到阿丹庙旁的他本人衙门送一条茶、7德克10两重的一包酥油、香蜡费用2章嘎、8名祈祷诵经喇嘛的费用所需，因噶雪未做计划，所需诵经费用等送3两钱币。

二十六日，索康噶伦为服侍杰曹仁波切前往布达拉宫，夏扎、吞巴两位噶伦也按上述通知前往布达拉宫，把皇帝的画像和万岁牌[203]等半天迎请到强康。此日出席画像迎请的有：至尊、杰曹、各位大臣、各位噶伦。夏扎噶伦引请画像、吞巴噶伦引请万岁牌。

二十七日，吞巴、索康两位噶伦照常办公。拉达克贺米寺[204]的逢年纳供者达瓦次杰前来报到，放行至尊前，在普通垫上入座，斟客茶，由卓尼接纳哈达，进行言语慰问，贺米寺和贺米寺强佐诺布的报告见登记册。

二十八日，夏扎、吞巴、索康三位噶伦上午照常办公，然后前往迎接美吉惠大臣从美吉搬迁至阿丹庙。

二十九日，吞巴噶伦前往衙门服侍怙主杰曹仁波切，夏扎、索康两位噶伦照常办公。

四月一日（三十日缺），上午前往羌热汉衙门叩拜；此后到策默林汇报桑耶[205]佛灯等事。此日没有办公。

二日，四位噶伦前往扎细教武场[206]观看军事训练。此日美吉联络人[207]孜仲南卡丹培因任命为增位[208]拉涅，前来受令，禀报由森噶接纳哈达并传令尽快到位。

三日，四位噶伦前往扎细军训处。

四日，吞巴、索康两位噶伦在噶厦办公片刻。噶仲卓卡瓦就任哈达由卓尼接纳，在仲科垫上入座，斟客茶。萨嘎达瓦[209]月的八日在拉萨释迦牟尼[210]尊前敬献五千种供品[211]的条令上加盖印章后，回赠所献哈达并作了有关事项的指示。然后四位噶伦前往扎细军训处。此日增位拉涅孜仲南卡丹培在拉萨就任，由卓尼接纳哈达，放行至尊前，斟客茶，离开时回赠所献哈达并作了有关事项的指示。雪仲强勤巴前来报到，哈达经卓尼送上。扎细豁堆代表老僧觉阿次仁前来晋见，放行至尊前，回赠所献哈达。送一章喀罐[212]青稞酒予噶伦众佣人、厨师、帐篷坐垫管理等。

五日，四位噶伦前往扎细军训处。

六日，前往扎细军训处。

七日，多仁、吞巴、索康三位噶伦照常办公。到墨竹工卡威噶封存永备粮的雪仲冲巴瓦前来报到，禀报由森噶接纳哈达。此日发出通知：本月十一号良辰吉日，无与伦比的“斯喜”[213]顶饰——怙主遍知佛上下诸人从布达拉大宫出行至静处[214]——帕邦喀贡桑多吉宫[215]，请前来出行服侍。迥先生、各位噶伦、公爵、扎萨、达喇嘛、台吉、宇妥[216]少爷、拉鲁少爷、霍尔康少爷、卸任颇本平康[217]、颇本、代本等按惯例盛装，其他以赛朗巴为代表的仲科不论有无职位均着王子盛装，按各自的职位每人带两条洁白的哈达；色拉寺、哲蚌寺、上下密宗院[218]、木如、喜德[219]等的活佛执事等，药王山[220]的翁则曲本[221]，拉萨“贵涅”[222]，有房者，回尼[223]、“阿杂热”[224]等的头人，部落、当雄蒙古头人，按各自的习俗装束，马鞍装扮如新，拉萨、雪等地的各自区域内大张旗鼓，秩序维持者、引香者、歌舞者等按惯例做好准备。以上各项在各自的管辖范围内务必通知清楚，沿途从平措度朗路到内石碑[225]、正大门[226]、“札阁迦腻”[227]、“古秀江斯”[228]、“曲杰噶布”[229]下面、布达拉宫后面、“恰盖江斯”[230]、大象房[231]西侧的佛塔、流沙河石桥[232]、桑布[233]等地所经路段认真做好整修、扫除、排石、画白灰、煨桑等项；此次大型出行时刻所有僧俗按照各自的地位着装，衣装要保持传统风俗，不许套马鞍套、不许穿马靴子、不许安外俗马鞍；如若降雨，除毡子马鞍套外，不许套呢子等，俗人们的雨衣要蓝绿相配套；马队中不许骑小骡子、种马类。马队要按照噶雪所通知的顺序那样，排列整齐，既不许打乱顺序，也不许落队或先行或左右摇摆、大喊大叫等不文雅的举动。在雪内石碑处各汉官住所的卫生由雪巴负责扫除、帐篷者负责帐篷和围帘、坐垫管理者负责坐垫茶几、膳房负责供茶、瓷碗专管者负责瓷碗等，各负其责，不得有丝毫的差错。以上内容必须通知到各处，不得有误。即日。

八日，多仁、索康两位噶伦照常办公。

九日，四位噶伦照常办公。禀报推豁堆普龙巴前来服侍出行，由森噶接纳报到的哈达。

十日，夏扎噶伦前往颇本衙门收米钱，索康噶伦去服侍杰曹仁波切到布达拉宫，多仁、吞巴两位噶伦为大型出行，从平措度朗查看到帕邦喀。此日色拉寺基索[234]在冲麦豁卡[235]的丛林中为雪巴准备了茶酒。返回时在此歇息，离开时对雪涅首席献优质其佐哈达，对雪仲齐夏、对在场仆人献卡索哈达[236]并对众赏钱。回赠两位基索第巴[237]所献哈达并对每人赏“其夏”哈达。

十一日，四位噶伦按上述通知，为至尊和杰曹前往帕邦喀的所有事情圆满就绪后，同至尊和杰曹一起就餐。此后返回时，同杰曹仁波切前往“特沃”[238]大祭后回策默林。

十二日，上午四位噶伦按通知前往美吉惠大臣向兴大臣交接印章处，然后多仁、吞巴两位噶伦在噶厦照常办公。

吞巴噶伦为服侍杰曹仁波切前往衙门，此日隆子[239]宗堆翟奎巴前来一并报到和辞行，扎其原谿堆翟雄巴为交接谿卡前来辞行，曲水宗堆萨珠普前来一并报到和辞行，对此传令：完成本职工作的基础上，在本区域内不得出现滞留或丢失大米现象；阿沛[240]少爷前来报到，近因噶伦们繁忙，按照由森噶接纳哈达的指示，禀报由卓尼接纳哈达，并传令道：平日在孜康[241]的留守外，尽力用功于文字、算术和公事。曲水宗交接证人弹药库仲译格杰巴[242]前来辞行，禀报由森噶接纳哈达。

十三日，多仁、吞巴两位噶伦照常办公。按木鸡年惯例发出通知：萨嘎达瓦月十五日转经时各部门按常规做好各项准备；并发出后天十五日的有关磨盘山衙门的通知和给帕邦喀孜准的信件。此日还按惯例为十五日准备了零用钱 27 两和哈达。

十四日，四位噶伦照常办公。

十五日，上午四位噶伦一起在阳伞下先后对拉萨、老木如寺、老喜德寺、小昭寺等进行朝拜。此后多仁、索康两位噶伦前往衙门叩拜，夏扎、吞巴两位噶伦去转经。按惯例前往星热歇息处休息时间较长，临走时对拉萨涅仓等人按惯例赠哈达，对涅仓助手们赠哈达和赏小费。此日按惯例赎羊赎鱼放生。从大象房前直接上布达拉宫，顺便站排迎接惠大臣到布达拉宫。迎接后在布达拉宫上下朝圣，然后赴尼维寝宫饮用由孜恰安排的茶饭酸奶招待，临走时向孜恰门曲献洁白的优等其佐哈达，向寝宫房管献中等其佐哈达。从布达拉宫背面返回途中雪协琼巴[243]按惯例敬献酸奶和白糖，对“协琼巴”献索尼哈达，对涅巴和囊玛献卡索哈达。此后马上到龙王潭朝圣，“关尼”（香灯师）献酸奶，对“关尼”回赠所献哈达并献其佐哈达。然后四位萨旺[244]（噶伦）集中到“雪巴”恭候处。此日活动按往常一样圆满结束，离开时对雪巴主管等按惯例献哈达。然后继续转经，到了小昭寺后，前往策默林叩拜怙主杰曹仁波切和进行朝佛，卓尼和仲译们也向杰曹仁波切敬献哈达和接受摩顶。到了楼下“绕赛”[245]上茶饭、酸奶。此后马上各回公馆。

十六日，多仁、吞巴两位噶伦照常办公。退还萨嘎达瓦用的所剩敬神哈达其佐3条、优等和次等索达30条、钱币6两2钱5分。

十七日，四位噶伦为迎接隆大臣到德庆[246]。

十八日，四位噶伦因未从德庆返回，没有照常办公。为明日新任大臣到来按惯例发出通知，杰曹仁波切出行发出通知，向噶厦通事李朗布置了在衙门摆放两桌9碟干果的事宜。扎林、恰仓两位卓尼前往索康玉卡和渡口[247]北侧做迎接准备。

十九日，四位噶伦前往索康玉卡迎接大臣，噶厦卓尼恰仓前往渡口北侧敬茶。

二十日，因新任隆大臣前往帕邦喀，多仁、吞巴两位噶伦前去帕邦喀；夏扎噶伦前往布达拉宫；索康噶伦照常办公。雪仲夏强巴为探亲前来辞行，禀报在森噶由卓尼接纳哈达，并传令允准其在家的探亲假为两个月，到期必须返回。

二十一日，上午四位噶伦前往衙门，然后马上前往策默林，没有照常办公。

二十二日，多仁、吞巴、索康三位噶伦照常办公，索康噶伦服侍杰曹仁波切前往衙门，然后多仁、吞巴、索康三位噶伦前往冲赛康为堪囊[248]清查人货，雪仲囊如本巴为探亲前来辞行，禀报由森噶接纳哈达。此日发出大臣前来的准备和送行的通知、杰曹仁波切出行服侍的通知和对帕邦喀敬茶慰问的信件。

二十三日，多仁、吞巴、索康三位噶伦照常办公。然后前往两处衙门片刻。此日因雪派马员未能作好大臣的派马差役事项，推迟前往德庆。在多仁公馆办公，为下达派马驮畜指令一直到后一次“汉规熄灯鸣枪”[249]时刻。

二十四日，因一上午噶伦们前往德庆送行大臣，此日没有办公。索康玉卡的准备和渡口北侧的准备按惯例进行。

二十五日，因四位噶伦要从德庆返回，此日没有办公。

二十六日，上午四位噶伦前往衙门，然后夏扎噶伦前往布达拉宫，三位噶伦为堪布的货物搬运前往冲赛康。

二十七日，上午四位噶伦照常办公。吞巴、索康两位噶伦为囊索的货物[250]过秤前往冲赛康，两位噶伦一起就座。此时接到禀报夏扎噶伦、孜本帕拉[251]少爷、原却本堪布[252]等圆满完成检查工作的回执，应衙门的邀请，夏扎噶伦前往衙门。

二十八日，夏扎噶伦前往帕邦喀，吞巴噶伦请假，两位噶伦照常办公。

二十九日，夏扎噶伦前往布达拉宫，三位噶伦照常办公。为从帕里[253]运输汉历六月的粮饷噶厦通事桑珠次仁按原道起程。发出叩拜羌热衙门的通知和给孜准的信件。

三十日，按上述通知前往衙门叩拜并向衙门献哈达。然后马上前往策默林汇报。

五月一日，夏扎噶伦出席宫殿兴修庆典，三位噶伦前往索康林卡向回民了解回民头人的人选。

二日，多仁、吞巴、索康三位噶伦照常办公。此日发出通知：四日缺，后天五日怙主杰曹仁波切前往乃穷，出席政府按惯例夏日大祭卫教战神主——乃穷护法大神[254]活动。为此按惯例雪巴负责准备会供曼荼罗和装点牛羊，弹药库负责准备全副武装的骑士，马棚负责准备庆贺骡马，坐垫管理负责准备宝座和坐垫。以上内外布局均要妥当无误。出席大祭的迥先生，各位噶伦、公爵、扎萨、达喇嘛、台吉、颇本、代本等按惯例盛装，赛朗巴为代表的仲科不论有无职位均着王子装，每人带两条洁白的哈达，在第一次鸡叫前集中到策默林森穷噶，不得迟到，不得破坏传统规矩。避免像去年那样先来后到，不整齐的现象。同时拉萨和"雪"地各属区为顺利出行轿子，认真作好沿途整治、排石、画白灰、煨桑、引香等项事情。此事要通知到各属区，做到各方皆知。即日发出。另怙主杰曹仁波切从乃穷大祭处前往噶东[255]的出行服侍一事通知，按惯例发出。明日怙主杰曹仁波切前往衙门的出行服侍通知也按惯例发出。

三日，多仁噶伦前往服侍出行，吞巴、索康两位噶伦照常办公。听候北京传令的扎什伦布格西噶钦[256]洛桑列协，前来报到，报告在登记册，献见面礼其佐哈达和10捆香。在虎皮垫上入座并斟客茶和言语慰问；拉达克人物平措绕登和逢年纳供者仁钦多丹二人前来报到。平措绕登在虎皮垫上入座，仁钦多丹在长垫上入座，并向他们斟客茶。献见面礼其佐哈达、杏果一包、草绿呢子衣料一件。禀报礼品货物到后送上。

五日（四日缺），按上述通知，前往乃穷大祭后，怙主杰曹仁波切马上前往噶东，索康噶伦服侍。

六日，多仁噶伦请假，两位噶伦照常办公。派请堪布囊玛前往京都呈皇帝的庆贺礼品和报告，由布达拉宫代表堪布江央丹巴、雪的代表卓尼关巧桑布、内地堪布洛桑曲扎等前来共同包装贺礼。

七日，三位噶伦照常办公。

八日，多仁、索康两位噶伦照常办公。此日通知：后天十日，按惯例夏季大祭吉祥天女，在楼顶由帐篷管理者负责帐篷、围帘、垂帷等，坐垫管理者负责坐垫，不得短缺。噶厦膳房负责人参果、茶、米饭等，碗碟管理负责碗碟，强佐和涅仓负责曼荼罗的摆设，弹药库负责古装武士，“雪”地负责装点牛羊，马棚负责庆贺骡马。以上各项必须妥善准备。出席大祭的迥先生，各位噶伦、公爵、扎萨、达喇嘛、台吉、颇本、代本等均按惯例盛装，以赛朗巴为代表的仲科不论有无职位都着王子装。不得迟误。务必通知到各管辖，并发出从孜雪派代表参加的信件。送行堪布囊玛的成强巴代本前来辞行，放行至尊前，在缎垫上入座，斟客茶，由卓尼接纳所献哈达，离别时回赠所献哈达并献其佐哈达和作了有关指示。

九日，三位噶伦照常办公。为大祭吉祥天女准备了朝圣敬神哈达其佐 3 条、索尼[257]3 条、索达 15 条，为布施僧人索达 35 条、孜雪卓尼等“帕达其佐”12 条。

十日，按上述通知，前往大祭吉祥天女。大祭结束后噶厦照常办公。帕里宗杰果瓦前来报到，禀报由森噶接纳哈达；噶仲卓卡瓦前往穷结宗做收尾工作，回赠辞行所献哈达，并同意批准一个月的假期，令按时返回。

十一日，多仁、吞巴、索康三位噶伦照常办公。

十二日，多仁、吞巴、索康三位噶伦前往策默林汇报。

十二重日，多仁、吞巴、索康三位噶伦在尼勋林卡[258]办公。

十三日，为服侍杰曹仁波切，索康噶伦前往帕邦喀；返回时，在门钟达雄[259]送行地方，四位噶伦集中后按惯例圆满结束仪式，多仁噶伦在噶厦照常办公。对策默林的抬轿夫按惯例夏令欢宴赏钱 1 两 2 钱。发出为明天的关于磨盘山衙门的通知和对孜准的信件。

十四日，按上述通知，上午前往磨盘山衙门叩拜。然后照常办公。南木林[260]新任宗堆丁甲和帐篷管理强钦巴前来受令，禀报由森噶接纳哈达。

十五日（赡州烟祭节）[261]，上午三位噶伦照常办公，然后前往策默林汇报。

十六日，上午索康噶伦办公，然后前往多仁噶伦的宴请。

十七日，吞巴、索康两位噶伦照常办公。此日发出通知：后天十九日为功德林活佛前往后藏的送行，在流沙河过后由帐篷管理者负责帐篷围帐、坐垫管理者负责宝座坐垫、膳房负责敬茶。为送行包括涅仓一人在内 8 名雪仲着王子装，一早前往功德林。

十八日，多仁等三位噶伦照常办公。此日为阿噶亚索给马烙印者赏钱 3 钱。

十九日，三位噶伦前往向衙门，此后多仁噶伦前往郭仓[262]，吞巴、索康两位噶伦马上去巡视河坝，并指示本年开始取消从百姓的税金中提取设宴之常规。在丹杰林池塘后面歇脚片刻，由河坝管理孜准洛坚和米本德门两位个人献茶饭、点心，对两个管事赏其佐哈达一条和赏钱 2 两；对实到仆人赏卡索哈达一条，对牛皮船者赏钱1钱5分。此日由卓尼前往慰问功德林活佛。

二十日，多仁、吞巴、索康三位噶伦照常办公。后藏母马棚头人盆冲孜巴前来受令，禀报由森噶接纳哈达。前往巡视阿噶亚索的恰秀甲本[263]索朗多吉前来辞行，回赠在森噶由卓尼接纳的哈达并赏其佐哈达和价值1两2钱的布匹。同时传令按常规无误地上缴野牛尾巴、盐、羚羊、云母石等。

二十、二十一日，多仁、吞巴、索康四位噶伦照常办公。

二十三、二十四、二十五日，多仁、吞巴、索康四位噶伦照常办公。

二十六日，多仁、吞巴两位噶伦照常办公。夏季拜见[264]的萨迦[265]卓尼西绕巴，前来报到，放行至尊前，在虎皮垫上入座，斟客茶，报告、礼品见登记册。

二十七、二十八、二十九日，三位噶伦照常办公。

三十日，上午前往向衙门。然后照常办公。前往帕里运输汉历七月大米的噶厦通事玉杰前来辞行，回赠由卓尼接纳的哈达并赏一条其佐哈达和卡索哈达10条。

六月一日，三位噶伦前往策默林汇报。为三日举行德庆曲科[266]活佛转世灵童掣签，发出按惯例孜雪卓尼去迎请金瓶的通知信件；明天二日服侍怙主杰曹仁波切前往衙门的通知；后天三日德庆曲科活佛转世灵童的掣签，怙主杰曹仁波切出行的服侍通知。

二日，两位噶伦照常办公。索康噶伦前往出行服侍，为明天四日（应为三日。——译者注）德庆曲科活佛的转世灵童掣签，掣签在大昭寺金廓顶举行，由卓尼扎林和让君前去布置坐垫。由噶厦通事大朗杰去通知各衙门的法官参加迎请金瓶；在准备处任三个噶厦通事。此日拉达克年供者仁钦多丹前来进贡礼品，放行至尊前，由卓尼接纳哈达，年供者按礼单敬献礼品，入坐在虎皮垫上，斟客茶并进行慰问。

三日，在金廓顶举行认定德庆曲科活佛转世灵童的金瓶掣签，吞巴噶伦前往怙主杰曹仁波切的出行服侍，多仁、索康两位噶伦和应邀驻藏大臣也出席了金廓顶佛门盛事。金瓶掣签结束后，三位噶伦都去服侍怙主杰曹仁波切的朝佛。杰曹仁波切返回策默林后，多仁、索康两位在噶厦照常办公。

四日[267]，索康噶伦请假，多仁、吞巴两位噶伦照常办公。

五日，为噶厦四日举行的宫殿工程庆典，四位噶伦均前往帕邦喀进行对“孜”（达赖喇嘛）的拜见。向至尊仁波切敬献曼荼罗身语意和干净的囊佐哈达，卓尼仲译们也敬献了其佐哈达和接受了摩顶。

六日，四位噶伦前往策默林敬献曼荼罗身语意和阿喜哈达并进行拜见。然后夏扎噶伦请假，三位噶伦照常办公。

七日，三位噶伦照常办公。

八日，吞巴噶伦请假，多仁、索康两位噶伦照常办公。米本贡唐巴请假20天前往谿卡祭神，前来辞行，放行至尊前，由卓尼接纳哈达并回赠。后藏代本鼎钦巴前来辞行，放行至尊前，入坐在缎垫上并斟客茶，离开时回赠所献哈达并赏其佐哈达。萨噶[268]头人孜仲朗杰群培前来受令，禀报在森噶由卓尼接纳哈达并回赠，传令道：即刻前往萨噶交接并要求圆满完成上缴政府的收入，特别是尽力关照庶民。但孜仲陈述了因未结束纳木错[269]税收工作，不能马上动身之故。并陈述了此事已向内寝宫报告，批准延期到本年十至十一月份。回复道：确系向内寝宫报告并批准延期，就按此办理。

九日，四位噶伦前往策默林汇报。按惯例发出明天十日怙主杰曹仁波切前往衙门的通知。

十日，吞巴噶伦前往出行服侍，多仁、索康两位噶伦照常办公。

十一日，多仁噶伦为杰曹仁波切前往帕邦喀同达赖喇嘛一起去乃穷夏供[270]的服侍；吞巴、索康两位噶伦照常办公。

十二日，多仁、吞巴、索康三位噶伦照常办公。此日发出通知：明天十三日怙主杰曹仁波切前往帕邦喀，为服侍出行雪仲列参巴等15人以王子装在第二次鸡叫前务必集中到策默林森穷噶，不得迟到。拉萨涅仓登记名单负责通知，同时拉萨和“雪”地各属区为顺利出行轿子，认真作好沿途整治、扫除、排列卵石、煨桑、引香等项和备好较多的抬轿夫。特别值得传令的是，这次再也不能发生十一日出行时那样，整修桥梁、排石、画白灰等沿途整治敷衍了事的情况。出行时拉萨、“雪”地涅仓、米本，各地的主管谿堆都必须亲自到各自所属地段，保证沿途不能出现丝毫差错。因此，拉萨、“雪”地涅仓、米本等要做到上下有序，自成章程，此事要通知到各属区，做到各方皆知。即十二日发出。孜准拉顶阿然巴从“达工”囤粮返回报到。

十三日，索康噶伦前往服侍出行，吞巴噶伦照常办公。为准仲夏令欢宴[271]按惯例赏钱10两，交给总管噶雪仲阿扎和多卡两位。

十四日，四位噶伦前往叩拜磨盘山衙门，然后到策默林汇报。雪仲门堆巴返回旺穷，前来辞行。

十五日，多仁、吞巴、索康三位噶伦照常办公。协尔邦[272]赤门少爷[273]从“达工”囤粮返回，前来报到，放行至尊前，入坐在缎垫上，斟客茶，由卓尼接纳哈达；糌粑收取者帕措瓦、吉隆宗扎德、萨噶头人德绕等前来受令，禀报在森噶由卓尼接纳哈达并传令道：要立刻交接和圆满从事本职各项工作。

十六日，多仁、索康两位噶伦照常办公。吞巴噶伦请假。

十七日，四位噶伦前往策默林汇报。

十八日，多仁、吞巴两位噶伦照常办公。两名新任措钦协俄前来拜见，放行至尊前，由卓尼接纳哈达，入坐在虎皮垫上，斟客茶，离开时回赠所献哈达。此日，噶雪仲译阿旺扎西和多卡瓦两位管家前来送夏令准仲欢宴的份额：8碟子菜、8个中碗、8个大碗、4碟子小菜和茶酒。对两位每人献其佐哈达一条和赏钱1两；对10名仆人每人赏索达一条。禀报达布地区“归卡”[274]头人前来报到，在森噶由卓尼接纳哈达。

十九日，四位噶伦前往向衙门后，马上前往索康林卡做客。

二十日，多仁、吞巴两位噶伦照常办公。噶雪仲译多卡瓦为探亲前来辞行，在森噶由卓尼接纳哈达并传令道：假期20天满后即刻到部门上班。噶厦下班后到策默林汇报。

二十一日，四位噶伦前往策默林汇报，下午索康噶伦和基巧堪布两位前往马棚接受新建的母马群，此日随手把马分配给各“归卡”头人。马棚屋顶上由帐篷管理和坐垫管理搭帐篷和安排坐垫，敬茶等项由基巧堪布传令。

二十二日，上午三位噶伦照常办公。然后四位噶伦前往策默林。对协尔邦和雪巴发出关于至尊七月四日出行至布达拉宫的有关僧队和歌舞等均按惯例做好准备的信件。

二十三日，上午三位噶伦照常办公，然后索康噶伦前往“雪”地马棚看望为新建“归卡”送马人员。

二十四日，吞巴、索康两位噶伦照常办公。此日发出通知：明天二十五日为迎接功德林活佛从后藏返回，在流沙河过去处帐篷管理者负责准备帐篷和围帘，坐垫管理负责宝座、坐垫和靠背，膳房负责酥油茶；前往迎接的包括一名涅仓巴在内的八名仲科着王子装，务必早早赶到迎接处。此事务必通知到各属区。此后下班各回公馆片刻后，前往巡视河坝。

二十五日，四位噶伦前往色拉寺参加热振活佛[275]“小五明”[276]初等学业期满法会；然后夏扎、索康两位噶伦巡视拉萨河[277]。此日没有办公。

二十六日，上午索康噶伦前往马棚接受所送马匹，多仁、吞巴两位噶伦照常办公，然后索康噶伦和基巧堪布一道前来。

二十七日，按大臣旨意上午四位噶伦一起前往卡尔林卡[278]衙门，此后在噶厦照常办公；萨迦寺夏季敬供者，按惯例向卓尼辞行。

二十八日，吞巴、索康两位噶伦照常办公。然后夏扎等三位噶伦前往策默林汇报。

三十（二十九日缺）日，吞巴、索康两位噶伦查看路情的同时前往帕邦喀，然后到策默林汇报。

七月一日上午四位噶伦叩拜羌热衙门，然后到各衙门献哈达，此日没有照常办公。

二日，夏扎、索康两位噶伦为至尊的出行，前往乃穷问卜。多仁、吞巴两位噶伦照常办公。此日乃东[279]、穷结、沃喀[280]等地的囤粮者萨穷少爷、米本关康巴前来报到，放行至尊前，由卓尼接纳哈达；拉布收粮者穷然巴、噶巴去押送玉拉瓦回民阿夏卡里后返回，前来报到，在森噶由卓尼接纳哈达。

三日，四位噶伦应邀前往策默林做客观看藏戏[281]。

四日，多仁、索康两位噶伦照常办公。

九日，上午四位噶伦前往衙门，然后照常办公并同基巧堪布一起商量关于柴薪管理员一事。

六日，四位噶伦前往策默林汇报。

七日，三位噶伦请假，吞巴噶伦照常办公。糌粑收取者帕措瓦上任，前来献哈达，放行至尊前，回赠所献哈达并教导有关机关事务；乃东宗堆年钟洛巴为出行服侍，前来报到，禀报由森噶接纳哈达。此日发出通知：七月重九号良辰吉日，人天导师怙主遍知至尊佛从静处——帕邦喀出行至布达拉大宫，请前来出行服侍。迥先生、各位噶伦、公爵、扎萨、达喇嘛、玉妥少爷、拉鲁少爷、霍尔康少爷、卸任颇本平康、颇本、代本、赛朗巴等按惯例盛装，其他仲科不论有无职位均着王子盛装，三大寺、上下密宗院的堪布和卸任堪布、各大小活佛、翁则曲本执事，木如寺、喜德寺的活佛职事，药王山的悦众维那，拉萨贵涅，有房者，回民、尼泊尔、阿杂热等的头人，部落、当雄蒙古头人，按各自的习俗装束，讲究马鞍装扮，色拉寺、哲蚌寺、上下密院、木如寺、喜德寺、药王山等的僧队，拉萨、雪等地的各自区域内大张旗鼓，秩序维持者、引香者、歌舞者等按惯例做好准备。以上各项根据各自的管辖务必通知清楚，同时所经路段认真作好整修、扫除、排列石块、画白灰、煨桑、引香等项；此次大型出行时刻所有僧俗按照各自的地位着装，衣装要保持传统风俗，不许套马鞍套、不许安外俗马鞍；如若降雨，俗人们的雨衣要蓝绿相配套；色拉寺、哲蚌寺、上下密院、木如寺、喜德寺等的活佛只能套毡子而不许套呢子，马队要按照噶雪所通知的顺序那样，排列整齐，既不许打乱顺序，也不许有落队或先行或左右摇摆等不文雅的举动。以上内容必须通知到各处，不得有误。即日。

八日，索康噶伦为杰曹仁波切的出行服侍前往色拉寺，多仁噶伦照常办公。

九日，多仁、吞巴、索康三位噶伦查看大出行路线。

九重日，四位噶伦前往服侍大出行，没有照常办公。

十日，吞巴、索康两位噶伦照常办公。

十一日，各位噶伦为送行大臣到吉采鲁定[282]，本年没有到堆龙岗地[283]。

十二日，夏扎、吞巴两位噶伦照常办公，前往容门[284]视察的马官吉堆巴前来报到，放行至尊前，由卓尼接纳哈达。

十三日，夏扎、吞巴两位噶伦照常办公，按惯例发出对磨盘山衙门的通知和对孜准的信。

十四日，上午三位噶伦前往磨盘山衙门，然后夏扎、索康两位噶伦照常办公。禀报仁布、南木林司库江孜努玛前来报到，由森噶接纳哈达并传令暂时当一段代理噶巴。

十五日，三位噶伦照常办公。

十六日，吞巴、索康两位噶伦照常办公。禀报大驮畜头人前来辞行，由森噶接纳哈达，回赠所献哈达，按惯例赏价值 1 两 5 钱的布匹；请示瓷碗管理扎雄前往扎其办理善后事宜，传令道：瓷碗管理事项如已交代给厨师，应由厨师妥善从事，扎其工作结束后立即返回服侍；前往帕里营运汉历九月大米的噶厦通事加荣朗杰前来辞行，回赠所献哈达并赏其佐哈达和按惯例赏卡索哈达十条。

十七日，三位噶伦前往策默林汇报。

十八日，夏扎噶伦前往功德林施工庆典，两位噶伦照常办公。前来送交南部门巴人[285]的山川地方神供物，对送交的两位豁卡更保[286]和实到仆人每人赏一条索达哈达并写由强佐按惯例赏赐的证明信；按惯例对祭奠扎细阎王庙的众人赏钱 1 两 5 钱。

十九日，上午三位噶伦前往向衙门，然后夏扎噶伦前往布达拉宫，吞巴、索康两位噶伦照常办公。禀报新任朗孜夏[287]仲译索朗次仁前来受令，由森噶接纳哈达，传令道：要圆满办理自己所承担的各项工作。

二十日，三位噶伦照常办公，禀报新任马草官阿旺土丹前来受令，由森噶接纳哈达，传令道：要完成好自己所承担的一切大小事务。

二十一日，两位噶伦照常办公，吞巴噶伦请假。

二十三（二十二日缺）日，夏扎噶伦请假，两位噶伦照常办公。为明天怙主杰曹仁波切前往衙门的服侍，按惯例发出雪仲列参等八人担任的通知。

二十四日，夏扎噶伦因需要对账卡尔糌粑收支情况而请假，索康噶伦前往出行服侍，吞巴噶伦照常办公。穷结宗堆德吉绕丹巴前来辞行，回赠所献哈达并传令道："因穷结宗堆的交接留有土曲代理，令你即刻前往萨嘎。"

二十五日，吞巴、索康两位噶伦照常办公，前往后藏地区复查粮食的拉恰堪布洛追坚赞和孜本囊噶瓦两位前来报到，放行至尊前，在缎垫上入座，斟客茶，由卓尼接纳哈达；禀报马官康卧巴前往南木林，前来辞行，由卓尼接纳哈达并回赠哈达，传令道：作好大臣的准备工作，宗堆的交接留有土曲代理，因此要尽快返回；禀报新任朗孜夏仲译浪卡佐巴的儿子索朗次仁已到机关，前来报到，由卓尼接纳哈达和回赠哈达后传令道：平日要保管好文档，办理各项事务要公正，不得有亲疏，要听从两位米本的指挥。

二十六日，上午吞巴、索康两位噶伦为清查拉萨望果[288]前往康松，然后在噶厦照常办公。

二十七日，两位噶伦请假，索康噶伦照常办公。

二十八日，索康噶伦前往布达拉宫，吞巴噶伦照常办公。

二十九日，吞巴、索康两位噶伦照常办公。

三十日，上午吞巴噶伦前往羌热衙门，索康噶伦前往布达拉宫服侍杰曹仁波切，吞巴噶伦照常办公。不丹新任第司的森噶边坝和索朗及仆人扎西噶等前来赠送贺礼，放行至尊前，两位森噶在虎皮垫上入座，仆人在长垫上入座，由卓尼接纳哈达，斟客茶，贺礼和人物的见面礼见贺礼登记册。

八月一日（澄水星）[289]，吞巴噶伦服侍杰曹仁波切前往布达拉宫和巧增[290]，索康噶伦照常办公。

二日，吞巴、索康两位噶伦照常办公。

三日，上午吞巴、索康两位噶伦前往巧增汇报，然后前往朗杰扎仓[291]举行的夏坐休沐[292]处，按惯例对15名悦众维那每人赏一条“其佐”哈达和为柱子、垫子放了哈达。

四日，吞巴、索康两位噶伦照常办公，雪仲曹聪巴、帕巴收粮归来前来报到；此后下班，前往策默林“巧增”（林卡）做客。

五日，吞巴、索康两位噶伦照常办公，禀报日喀则[293]收粮者卡措瓦前来报到。

六日，两位噶伦照常办公，然后前往巧增林卡汇报。

七日，两位噶伦照常办公。对噶厦官邸工作人员每人一年发给衣料的规定，虽本年不到期，只能在龙年享受，但经请求批准提前享受后传令道：对厨师和房管员每人发一件绿呢子衣料，对清扫夫发衣料费用3两，龙年和蛇年不予发放；同时噶厦通事们的夏宴，以往没有赏钱之规，因今年未能前往后藏服侍，请求赏赐一次夏宴，今作为特殊赏钱3两作为夏宴费用，今后不能因此成为惯例。此日发出通知：后天汉历十日为大皇帝五十寿辰庆贺拜谒在羌热（大昭寺正院）举行，羌热涅巴负责羌热内外的卫生，帐篷、坐垫管理负责良好的帐篷围幛、汉藏式宝座和坐垫，香灯官负责存匾房的卫生和供品摆设及供品，噶厦膳房负责敬茶和大臣所用的长柄瓷碗等，其余各汉官的茶具也不能有破损之处，拉恰负责茶几干果。为拜谒请迥先生，各位噶伦、公爵、扎萨、达尔汗[294]堪布、达喇嘛、台吉、卸任颇本平康、颇本、代本等衣着“替里”[295]、戴“菩古”帽[296]、根据职位的汉垫、佛珠，赛朗巴等各列参巴带顶戴帽、着蓝呢锦缎服，如甲定本[297]等着盛装，其余仲科着王子装并每人带一条洁白的哈达，在上述日期天亮时刻集中到羌热。此事务必通知到各处，特别是寿辰之日，凡藏属区域都要煨桑、大张旗鼓，男女都要根据各自的经济讲究盛装、歌舞等尽情欢庆。此事由拉萨、雪地涅巴和米本务必通知清楚，不得有误。即日。对孜准也发了信。

八、九日，两位噶伦照常办公。

十日，吞巴、索康两位噶伦照常办公，康区类吾齐晓仲[298]的先遣者前来报到，放行至尊前，在长垫上入座，斟客茶，进行言语慰问。

十一日，索康噶伦照常办公。

十二日，吞巴、索康两位噶伦照常办公。

十三日，吞巴、索康两位噶伦前往策默林巧增林卡任命收粮官处。

十四日，上午吞巴、索康两位噶伦前往磨盘山衙门，然后到衙门，此后照常办公。

十五日，吞巴、索康两位噶伦前往布达拉宫新寝宫旺堆吉献哈达，此日根据通知仲科以上按各自的职位向至尊和杰曹献一条干净的哈达；索康噶伦留下服侍杰曹仁波切；吞巴噶伦前往噶厦办公片刻。

十六日，吞巴、索康两位噶伦照常办公，前往颇本衙门收取米钱。

十七日，吞巴、索康两位前往布达拉宫出席休沐宴请。

十八日，两位噶伦照常办公。

十九日，吞巴、索康两位噶伦照常办公。

二十日，吞巴、索康两位噶伦照常办公，听取前往后藏复查粮食的堪布和孜本的报告；此日策默林派遣的信使表明：批准前来策默林的波密[299]办事处负责人噶厦卓尼江中巴的辞职请求，经抽签决定派遣班洛珠杰。

二十一日，索康噶伦请假，吞巴噶伦照常办公，批准噶雪仲译前往酋冲温泉[300]治病15天，前来辞行，由森噶接纳哈达并回赠于他后传令道：假期结束后按期返回；按惯例为新年赏衙门汉藏仲译众人钱币6两，带给顿珠次仁。

二十二日，上午两位噶伦前往衙门，然后马上告辞前往策默林迎接大臣并附带汇报了几项事情；索康噶伦照常办公。按惯例发出明二十三日服侍怙主杰曹仁波切出行到衙门的通知。

二十三、二十四日，因迎接大臣，没有照常办公。此日发出通知：二十五日缺，后天汉藏吻合的二十六日，驻藏兴大臣圆满结束对边境的巡视和日喀则、江孜、定日三地的军训，返回拉萨。为迎接大臣，按惯例在吉采鲁定帐篷管理负责帐篷和围帘、坐垫管理负责汉藏活佛的宝座及足够的坐垫茶几、噶厦膳房负责厨具、瓷碗管理负责瓷碗等项筹备。前往迎接的即：经师策觉林[301]活佛、功德林活佛、丹杰林活佛、热振活佛、察雅[302]活佛、迥先生、各位噶伦、公爵、扎萨、达尔汗堪布、达喇嘛、台吉、颇本、代本、赛朗巴等须盛装，列参巴戴顶戴，其余仲科着王子装，并每人带一条洁白的哈达集中到迎接处，宜早不宜迟。请务必通知到各处，即日；同时按惯例对布达拉宫方面发出敬茶慰问信件和对拉恰发出摆放干果的通知。

二十四、二十六日，因各位噶伦前往迎接大臣，没有照常办公。发出明二十七日怙主杰曹仁波切前往衙门的通知。

二十七日，吞巴噶伦前往出行服侍；索康噶伦照常办公。

二十八日，两位噶伦照常办公，康区类吾齐活佛的强佐前来报到并送礼，在虎皮垫上入座，斟客茶，礼物见登记册；禀报后藏“归卡”头人盆冲孜巴前来辞行，由森噶接纳哈达并传令道：新建政府“归卡”，特任头人西求等，“归卡”要像肉汁浸进肉中那样，从哪里来用到哪里，并且不能误了平日的喂养；前往后藏的执事颇本堪穷[303]洛桑江白和噶仲白伦前来报到，斟客茶。

二十九日，上午吞巴、索康两位噶伦前往拉让楼顶帐篷下，视察排列处，然后在噶厦照常办公，索康噶伦先走一步。此日雪仲格杰巴拟前往收粮，禀报前来辞行，由森噶接纳哈达。

三十日，多仁、吞巴、索康三位噶伦照常办公，康区炉霍[304]的佐巴[305]仁钦平措为办理热拉活佛的善事，按惯例前来领取前往次康[306]和扎什伦布的派差坐骑驮畜通行证，在仆人噶松前送卡索哈达和两个茶包。

九月一日，上午四位噶伦前往羌热衙门叩拜，然后照常办公，此后由美吉隆大臣向卡尔林兴大臣交印章并设晚茶，根据通知惯例迴先生、各位噶伦到颇本、代本以上前往献哈达。

二日，没有办公。

三日，吞巴、索康两位噶伦照常办公，禀报替代孜准塔巴列协前往仁布收粮的雪仲荣玉拉瓦和前往拉布收粮的朗如本两位前来报到，由森噶接纳哈达并传令道：认真办理事项，做到君臣两满意，收粮账目不能如前，做到不需再发指令。回赠所献哈达。

四日，吞巴、索康两位噶伦照常办公，禀报噶雪仲译多卡瓦前往推地[307]收粮，前来辞行，由森噶接纳哈达并传令道：圆满完成工作，关心百姓。回赠所献哈达。

五日，夏扎、吞巴、索康三位噶伦前往策默林汇报，多仁噶伦前往温泉。

五重日，吞巴、索康两位噶伦照常办公。

六日，夏扎、吞巴、索康三位噶伦照常办公。

七日，夏扎、吞巴、索康三位噶伦照常办公。

八日，吞巴噶伦请假，夏扎、索康两位噶伦照常办公，禀报前往穷结收粮的森噶沃尔洛前来辞行，由森噶接纳哈达并传令道：收粮工作不能违反政府之规。

九日，三位噶伦照常办公。

十、十一、十二日，夏扎、吞巴、索康三位噶伦前往扎细军训场地。

十三日，夏扎、吞巴、索康三位前往军训场地。按惯例发出对帕日的通知和对孜准的信。此日又发出通知：后天十五日为扎什伦布的北京堪布驾到，在索康玉卡帐篷管理负责帐篷围幛，坐垫管理负责汉藏式坐垫和叩拜用垫，噶厦膳房负责厨具，瓷碗管理负责瓷碗茶具。为迎接圣旨和慰问大皇帝，请迥先生、各位噶伦、公爵、扎萨、达尔汗堪布、达喇嘛、台吉、卸任颇本平康、颇本、代本、赛朗巴等按惯例着盛装、戴佛珠和叩拜用垫，其余有衔列参巴按各自的职位带顶戴帽、着新衣，其余仲科着王子装，在太阳生起前集中到索康玉卡。引请圣旨路线为从“其东”[308]经“夏加仁”[309]到“班觉绕丹”。通知沿路搞好扫除，木如寺和喜德寺僧队，拉萨和雪地大张旗鼓，马棚派遣管事的良马信使到噶厦卓尼处听候传令。以上内容务必通知清楚，不得有误。即十三日。对孜准也发了信。禀报加玛卡措前往谿卡，前来辞行，由卓尼接纳哈达并传令道：新年传召时刻，按时前来值班。回赠所献哈达。

十四日，上午按上述通知三位噶伦前往磨盘山衙门叩拜，夏扎噶伦为服侍杰曹仁波切前往衙门，然后吞巴、索康两位噶伦照常办公。为明天十五日服侍怙主杰曹仁波切前往布达拉宫大祭，按惯例发出通知：俗官列参巴等15人着王子装，在天亮前集中到策默林森穷噶和沿途整修道路。一日（十四日？——译者）为帐篷管理的帐篷和坐垫管理的坐垫，卓尼扎林前往巡视。

十五日，上午夏扎、索康（应为“吞巴”——译者）、索康三位噶伦按上述通知着蓝盛装、戴“布尔果”帽前往索康玉卡慰问叩拜，然后在帐篷内按排列就座，与堪布交换哈达，此后在缎垫上入座、帕角[310]前敬茶，言语慰问；然后引请圣旨，堪布主仆、木如和喜德僧队等马上前往班觉绕丹；三位噶伦马上前往噶厦照常办公。为布达拉宫大祭，按各位孜准所说如无特殊通知不用去的精神，此次未去；美吉大臣的生日虽为汉历十八日，因政府定在十六日送礼，为此对每一公馆发一礼单，每公馆要送一藏制青铜塑像、一件呢子衣料、两卷点纹氆氇。学习藏文的尼泊尔女人热玛松塔洛前来晋见，放行至尊前并教导努力学习。送一木托盘“桑噶”酥饼[311]，回赠所献哈达并赏其佐哈达，从上述酥饼中敬法王宝[312]尝新外，其余赏给卓尼仲译、清扫夫和厨师通事等。索康噶伦前去出行服侍。

十六日，因按上述通知礼单四位噶伦前往美吉衙门送礼和献哈达，没有办公。

十七日，多仁、夏扎、吞巴三位噶伦前往美吉衙门为生日献哈达，索康噶伦前往服侍怙主杰曹仁波切的出行。然后多仁噶伦前往布达拉宫，夏扎、吞巴、索康三位噶伦在噶厦照常办公。

十八日，四位噶伦前往策默林拉让汇报。

十九日，夏扎噶伦照常办公，多仁、吞巴、索康三位噶伦请假；禀报衣物购买者洛桑维色前来报到，由森噶接纳哈达。

二十一日，夏（应为“多仁”、——译者）、吞巴、夏扎三位噶伦照常办公，索康噶伦请假；噶厦噶巴鲁康普因患风湿性关节炎请假，为此传令道：如确系因病，可以准假，治愈后要前来服侍。

二十二日[313]，夏扎噶伦请假，多仁、吞巴、索康三位噶伦照常办公。雪康巴请假前往谿卡，已批准十、十一两个月，禀报前来辞行，哈达在森噶由卓尼接纳，传令假满按期回归并回赠所献哈达。

二十三日，多仁、夏扎两位噶伦请假，吞巴、索康两位噶伦照常办公。

二十四日，多仁、夏扎、索康三位噶伦照常办公。

二十五日，四位噶伦前往衙门，没有照常办公。

二十六日，多仁、吞巴、索康三位噶伦照常办公。禀报达布运输马队头人显强的代理旺久前来辞行，由森噶接纳哈达并回赠所献哈达。

二十七日，上午四位噶伦前往衙门，然后前往策默林汇报。

二十八日，多仁、吞巴、索康三位噶伦照常办公，夏扎噶伦请假。禀报不丹年供者的代表多吉、巴卓的夏季商人益西、新任第司冲萨乃森噶边坝和索朗返回，前来辞行，由森噶接纳哈达并对年供者的代表赏一块砖茶和缎子两方，对巴卓的夏季商人赏一块砖茶，对森噶未赏。对他们回赠所献哈达并赏每人赏一条其佐哈达。

二十九日，因四位噶伦前往布达拉宫慰问，没有办公。此日按惯例发出对磨盘山衙门的通知和明天三十日怙主杰曹仁波切前往布达拉宫、衙门的出行服侍及沿途整修道路的通知。

三十日，多仁噶伦根据上述通知前往出行服侍；索康噶伦请假；夏扎、吞巴两位噶伦前往羌热衙门。然后吞巴噶伦照常办公。此日发出通知：后天汉历三日在布达拉宫大皇帝的画像唐卡从“强康”迎请到“萨松朗杰”，为此需要前往站排和敬献哈达的有：迥先生、各位噶伦、公爵、策默林扎萨、功德林扎萨、丹杰林扎萨、霍尔康扎萨、达喇嘛、台吉、颇本、代本、拉鲁少爷及带四品品级以上人员着新衣，佩戴顶戴官帽，按各自的官位每人带五条哈达，布达拉宫早茶时刻准时到场，不得迟误；务必通知到有关各处。藏历三十日发。

十月一日，夏扎噶伦前往布达拉宫；三位噶伦照常办公。此日发出通知：明天二日怙主杰曹仁波切出行至布达拉宫，为出行服侍雪仲列参巴等十五名着王子装，按上述日期在早茶前务必集中，不得有误；此处拉萨涅巴登记名单务必要通知到，拉萨和雪两地各自所辖认真作好沿途整治、扫除、排列石块、画白灰、煨桑、引香等事项，务必通知到有关各处。即一日发。

二日，多仁、夏扎、索康三位噶伦约在太阳出来后前往布达拉宫，吞巴噶伦按上述通知前往服侍杰曹仁波切的出行。然后约在中午时刻，两位大臣也到布达拉宫的强康。引请至尊和杰曹两位仁波切到强康并从强康把大皇帝的画像唐卡宝、名牌等照旧迎请到萨松朗杰的摆放处，由四位噶伦和基巧堪布摆放。祭供各项活动结束后，两位遍知大怙主至尊和怙主杰曹诺门汗仁波切、两位驻藏大臣、两位经师、迥先生、各位噶伦为首公爵、扎萨、达尔汗堪布、达喇嘛、台吉、颇本、代本及孜恰以上和四品以上向大皇帝画像宝叩拜完毕，在尼维寝宫由四品以上向两位至尊和杰曹、两位大臣敬献哈达。然后大臣返回时，在后门处以上贵人们同各汉官一起站排送行。此后再次返回尼维寝宫就宴。然后怙主杰曹仁波切前往东侧寝宫。四位噶伦汇报关于下令帕里宗如本吉普巴不用前往调解锡金王和大臣之间的内部纠葛一事后返回。吞巴噶伦前往服侍出行，多仁噶伦在寝宫背后从噶厦迎请印盒，并发出派遣通知。令吉普巴所派通过驿站的坐骑官及他人，在十月六日要到达吉普巴处。服侍的有卓尼江中和仲译白伦。

三日，四位噶伦应邀前往策默林。然后三位噶伦请假，多仁噶伦照常办公。扎什伦布的北京堪布前来一并报到和辞行，所送见面礼分红色小库缎卷和哈达送至尊前。堪布在缎垫上入座，斟客茶，言语慰问后回赠所献哈达并赠其佐哈达和一块砖茶。

四日，上午前往衙门后，四位噶伦前往夏扎林卡[314]。

五日，夏扎噶伦请假，多仁、吞巴、索康三位噶伦照常办公，然后前往夏扎林卡。

六日，夏扎噶伦请假，三位噶伦照常办公。

七日，夏扎噶伦请假，三位噶伦照常办公。此日发出通知：后天汉历十日大皇帝、皇太后大人的生日叩拜，在扎细丹秀寺举行，要前往叩拜的有：迥先生，各位噶伦、公爵、扎萨、达尔汗堪布、达喇嘛、台吉、玉妥少爷、拉鲁少爷、霍尔康少爷、颇本、代本、赛朗巴等按惯例着新盛装，列参巴们戴顶戴、着新衣，如本、甲本、丁本，一般仲科们着王子装带两条洁白的哈达，在黎明前集中，不得有误。务必通知各所属。即藏历七日。对孜准也发了信。根据来信告知，“加果切”[315]的父亲在内地逝世，为积德噶厦赏一包大米、五捆藏香、三钱香蜡，三位噶伦前往看望慰问，夏扎噶伦的代表颇本堪布吉冲前往。明天八日怙主杰曹仁波切前往两个衙门的通知如实按雪准的信件发出。

八日，多仁噶伦照常办公。

九日，四位噶伦按上述通知为皇太后的生日前往扎细叩拜。

十日，没有办公。

十一日，多仁、吞巴两位噶伦照常办公，夏扎、索康两位噶伦请假。

十二日，夏扎噶伦请假，三位噶伦照常办公。此日发出通知：后天十四日为布达拉宫的晓丹拉康（佛事神殿——译者）一带维修和旺堆其寝宫新建圆满竣工，举行盛大的开光仪式，前往向至尊和杰曹敬献哈达应到的有：迥先生，各位噶伦、公爵、扎萨、达尔汗堪布、达喇嘛、台吉，玉妥少爷、拉鲁少爷、霍尔康少爷、卸任颇本平康，颇本、代本等，着盛装，其余赛朗巴等仲科们不论有无职位都着王子装并按各自的职位带两条洁白的哈达，在早茶前集中，不得有误。务必通知各所属。为此事噶厦对色拉寺、哲蚌寺等没有发出通知的惯例，因而发出请孜准按惯例通令的信件。又为怙主杰曹仁波切十四日前往布达拉宫，发出雪仲列参巴等十五人前往出行服侍及整治沿途道路等的一通知，对磨盘山衙门的一通知及对孜准的信件。

十三日，因四位噶伦前往策默林呈送有 111 条的关于佛事尊严的报告后，也为此事前往两个衙门呈送报告，没有办公。此日为布达拉宫的开光，管理仲译白伦前往呈送献礼礼单、曼荼罗佛像、佛经、佛塔和佛衣等佛像的必需费用钱币五十两的同时报告献礼情况，并附带呈送雪巴的礼单、比丘服和必用品、曼荼罗三佛费用钱币二十两和汇报献礼情况。

十四日，三位噶伦按上述通知着坚斯盛装前往布达拉宫，吞巴噶伦前往出行服侍。为圆满竣工布达拉宫红宫[316]诵经神殿一带的维修和旺堆其寝宫的新建，举行盛大的开光仪式。遍知大怙主至尊和怙主杰曹仁波切前往新大殿的中央，由甘丹卸任赤巴仁波切经师带头，由策觉林诺门汗仁波切经师和朗杰扎仓全体僧众帮诵金刚心修经，进行盛大的开光[317]。噶厦献礼：向大怙主至尊献吉祥的囊佐绝顶哈达，大全佛地祥物[318]，盛装佛衣的无量寿佛佛像，长寿经卷的佛经，噶当灵塔[319]，成套茶具，承接器，长顶尖帽、半圆形大氅、袈裟、披单、“扎尔莫”、比丘裙、白坐垫、白色靠背，白垫金刚，一块金，装有五十两钱币的七个收口钱捆，“奎坚西”、“结典”缎和金丝缎等十卷，呢子衣料三件，象牙一个，六块装茶叶两件，干果六包，大米一包，九装白缎一件，成捆白金丝缎一件。向怙主杰曹仁波切献囊佐哈达、曼荼罗三佛、比丘服、必用品等同上外，装有五十两钱币的两个收口钱捆，“两缎子”、结典缎和金丝缎等十卷，呢子衣料三件，象牙一根，六块装茶叶两件，干果六包，大米一包，九装白缎一件，成捆白金丝缎一件。向金刚心修经师卸任赤巴献阿喜哈达，钱币三十两，粉红色“奎坚西”一卷；向帮诵经师策觉林诺门汗仁波切献阿喜哈达，钱币十两，黄缎子一卷；向迥先生、基巧堪布、达赖喇嘛私人扎萨、达尔汗堪布、达赖喇嘛舅舅堪布等各献一条其佐哈达和装有钱币一两的纸包；向陪诵扎仓全体僧众和新增陪诵僧人共204人献洁白的卡索哈达一条和钱币一钱五分；向布达拉宫的内侍堪钦[320]、堪穷和列参巴等五十二人各一条索达哈达和钱币一钱五分；向“雪”的列参巴以上二十个服侍人员各发钱币一钱五分和一条索达哈达；对两位经师每人四名佣人共计八人各发一条索达和钱币一钱五分。总之对孜雪、两位经师等的八十名佣人，由两位管理者——噶厦卓尼江中和噶厦仲译白伦日前已备的钱物中按分属发给。圆满成功。以上领取的金钱物开支情况，十六日在尊前认真结账，剩余的二十四条索达哈达已清退。

十五日（吉祥天母节）[321]**，**上午三位噶伦照常办公，夏扎噶伦为宫殿圆满竣工宴，前往布达拉宫拜见，然后三位噶伦在吉祥天母护法香灯师[322]的邀请敦促下前往康松。夏扎噶伦和施工管理者堪钦、堪穷、执事等也一并应邀从囊斯到康松，卓尼恰仓前往“白拉觉”“恰赤卡”[323]献哈达，按惯例从拉恰领取三庹[324]长的囊佐哈达，由卓尼江中着王子装敬献。朵玛驱魔等项结束后，吉祥天母和恰赤两神一返回，各位随即离散；夏扎噶伦和执事们前往囊斯的竣工宴。

十六日，索康噶伦前往出行服侍，多仁、吞巴噶伦照常办公。为阿噶元帅出行的汉官索朗多吉前来报到，放行至尊前，所送礼品野牛尾 5 个，云母石、盘羊角、哈达等送到尊前。

十七日，多仁噶伦照常办公，索康噶伦为杰曹仁波切的出行服侍前往衙门，夏扎噶伦请假，吞巴噶伦为出行至本豁卡前往布达拉宫和雪辞行。

十八日，多仁、吞巴、索康三位噶伦照常办公。康区类乌齐的佐巴前来辞行，放行至尊前，在虎皮垫上入座，斟客茶，进行言语慰问后回赠所献哈达并赏其佐哈达，对仆人赏索尼哈达，为活佛的饯行赏粉红色呢子衣料一件、点纹氆氇每件花费二两五钱的两卷、藏香十捆，慰问其佐哈达一条。然后吞巴噶伦提前离开，同两位噶伦交换哈达。

十九日，多仁、索康两位噶伦前往策默林汇报。此日康区类乌齐的活佛返回送行通知，如同接应通知发出。

二十日，多仁、索康两位噶伦照常办公。前往扎什伦布为拉莫五供[325]的索康吉仲[326]前来报到，放行至尊前，在普通垫上入座，斟客茶，报告见登记册；送见面礼其佐哈达和十五捆香。

二十一日，多仁、索康两位噶伦照常办公。

二十二日，多仁、索康两位噶伦照常办公。此日按惯例发出（二十三日缺）后天二十五日甘丹大五供[327]的通知和杰曹仁波切出行至布达拉宫的通知。

二十四日（二十三日缺），多仁、索康两位噶伦照常办公。

二十五日，夏扎噶伦请假，多仁、索康两位噶伦上午前往衙门，然后前往布达拉宫为冬装[328]敬献哈达并留下服侍朝圣。为至尊宝观赏燃灯[329]，送行至寝宫，前往囊斯拉让顶上，按惯例举行的仪式，取得圆满成功。此日因天气良好，灯火燃得非常成功。

二十六日，多仁、索康两位噶伦照常办公。

二十七日，至尊陛下开始闭关[330]修行，按惯例前往敬献哈达。返回途中前往策默林。经多仁、夏扎、索康三位噶伦同布达拉宫基巧堪布协商，向怙主杰曹仁波切首先呈送为地方政府政教尊严兴盛，各位萨旺（噶伦）的111条报告，其中先呈送两位驻藏大臣的文书内容之一：因布达拉宫一些内侍从的行为不轨，传令革职，就地守规。

二十八日，三位噶伦和基巧堪布为上述条款前往策默林汇报。

二十九日，多仁、索康两位噶伦照常办公。五供时刻前来雪仲的官员德卡瓦、拉妥苏卡瓦、加日夏巴、果卡瓦等前来就职行礼，放行至尊前，传令以各自的工作和能力，秉公办事，回赠所献哈达。此日按惯例发出，为明天汉历一日，对衙门的通知和对布达拉宫卓尼的信。

三十日，按上述通知，上午三位噶伦前往羌热衙门，然后夏扎、索康两位噶伦请假，多仁噶伦照常办公。

十一月一日，多仁、夏扎、索康三位噶伦照常办公，禀报噶雪仲译觉冲巴前来报到，由森噶接纳哈达。帐篷管理丁本为探亲和为众帐篷者事务请假，准假二十天的同时交代了此间的有关帐篷事务，要由帐篷者们负责。

二、三、四日，三位噶伦前往策默林汇报。

五日，多仁、索康两位噶伦照常办公，前往扎什伦布为拉姆五供者前来辞行，按惯例赏一块砖茶和佐达哈达；禀报噶巴德卡瓦前来报到，由森噶接纳哈达并传令要常住服侍。

六日，多仁、索康两位噶伦照常办公，然后前往策默林汇报。

七日，没有办公。

八日，多仁噶伦前往为怙主杰曹仁波切出行至衙门的服侍，夏扎、索康两位噶伦请假。

九日，三位噶伦前往策默林汇报。禀报推地老豁堆普龙巴前来报到，由森噶接纳哈达。

十日，多仁、索康两位噶伦照常办公，禀报新任马草官普龙巴前来受令，由森噶接纳哈达；卸任颇本平康桑白为前往作证交接和探亲，前来辞行，放行至尊前，在缎垫上入座，斟客茶，离开时要求妥善完成工作并回赠所献哈达；汉历十一月大米运营者噶厦通事玉归前来报到，放行至尊前。

十一日，三位噶伦前往策默林汇报。

十三日，三位噶伦前往策默林汇报。

十四日，三位噶伦前往磨盘山衙门，然后前往策默林。

此日按惯例发出大祭吉祥天母[331]的通知，按去年一样准备了朝圣的敬神哈达和为楼顶僧人的布施；禀报洛隆宗老宗本卡尔堆巴前来报到，由森噶接纳哈达。

十六日（应为十五日——译者），清早卓尼们带着敬神哈达在檀木门口迎候，然后三位噶伦相继驾到。朝圣完毕，按上述通知前往楼顶帐篷内，回赠敬神煨桑者的哈达后入席，开始诵经，相继盛酥油茶、人参果[332]、米、面疙瘩等。会供、果子食品中对翁则和对孜、雪卓尼发 ·盘子，对大祭吉祥天母的盛装女发三盘子，对其余敬神煨桑的每两个僧人发一盘子，对措钦翁则、弹药库监管者、帐篷者、坐垫管理者、噶厦厨师、清扫夫、助手、值班班长等按惯例发放果子。庆贺开始，政府发放布施后噶厦各献一条“索达”哈达；回赠祭吉祥天母管理楼顶比丘和五名盛装女的哈达。开始唱敬酒歌，对每人献一条其佐哈达。敬酒歌唱完后，对孜、雪两名代表——卓尼献其佐哈达；为柱子和坐垫留下其佐。庆贺结束后噶厦马上照常办公。

十六日，多仁、索康两位噶伦照常办公。按惯例后天汉历十九日，按汉俗在衙门举行冬至[333]行礼的通知和对布达拉宫的信。

十七日，多仁、索康两位噶伦照常办公。前往帕里运米的噶厦通事桑珠次仁前来辞行，放行至尊前，按惯例赏索达哈达十条和其佐哈达。

十九日（十八日缺），上午按通知，噶（应为“多仁”——译者）、夏扎、索康三位噶伦一起为冬至前往衙门叩拜，没有办公。

二十日，多仁噶伦照常办公。禀报俗官本洛珠杰为前往波密办事，前来辞行，由森噶接纳哈达并传令各项事务要主动，不要等到孜准安排，不可不妥善处理，有关窄林交接也要这次即刻决断。

二十一日，多仁、索康两位噶伦照常办公。

二十二日，多仁噶伦独自照常办公。

二十三日，多仁、索康两位噶伦照常办公并基巧堪布也从布达拉宫驾到，办公时间较长。

二十四日，多仁、夏扎、索康三位噶伦照常办公。

二十五日，上午多仁、夏扎噶伦前往向衙门处，然后多仁、夏扎、索康三位噶伦照常办公。

二十六日，多仁、索康两位噶伦照常办公。禀报贡嘎[334]宗堆平绕巴前来辞行，哈达在森噶由卓尼接纳并传令新任宗堆到任前，务必作好各项工作。

二十七日，多仁、索康噶伦照常办公。前来送索康拉丁神垒[335]人员供品——第一项：松树皮、“曼丹拍钦”（音）、麻皮、人的黑发；第二项：一滴水、印度红颜料、河谷树根、人的白发；第三项：红尾毛、白麦秆、白达珠（音）、茶树等。禀报雪仲少爷康纳巴按令前来面试[336]。

二十八日，多仁、夏扎、索康噶伦照常办公。吞巴噶伦从谿卡返回，前来办公处，互献哈达。此日值班班长前发出通知：明天二十九日卡尔林衙门立天斗，应前往献哈达的有：迥先生、各位噶伦、公爵、扎萨、达尔汗堪布、达喇嘛、颇本、代本等带一条哈达，在巳时前务必到衙门的通知及对布达拉宫和雪两处的各卓尼发出，明天二十九日在巳时前，为卡尔林衙门的立天斗，请按惯例通令敬茶慰问的两个便条，由值日班送达。禀报批准已故日喀则拜杰通事孜仲的儿子杰布继承父职担任通事，前来拜见，哈达在森噶由卓尼接纳。

二十九日，上午多仁、夏扎、吞巴噶伦前往卡尔林衙门，为新立天斗献哈达；然后多仁噶伦独自照常办公。前往工布地区四宗囤粮的穷让前来辞行，回赠在森噶由卓尼接纳的哈达。此日按惯例发出通知：后天汉藏吻合的一日，在羌热衙门举行叩拜，对布达拉宫卓尼发出按惯例进行敬茶慰问的便条。

三十日，多仁、吞巴噶伦照常办公。禀报米本贡唐巴前来报到。

十二月一日，上午四位噶伦前往羌热衙门叩拜，然后因前往衙门，没有办公。

二日，上午四位噶伦前往布达拉宫向至尊宝慰问后，马上前往策默林办公。

二重日，多仁、吞巴、索康噶伦照常办公。任命检察官赤门少爷为孜本，前来晋见受令，放行至尊前，在缎垫上入座，斟客茶，由卓尼接纳哈达；同时，加查[337]谿堆斯康囊巴和江达[338]谿堆次旺杰布前来晋见受令，由森噶接纳哈达并传令道，即刻前往就职处，致力于本职工作。下班后，噶伦们前往扎细为大老爷的生日献哈达。

三日，没有办公。

四日，上午多仁、吞巴噶伦前往向衙门，然后多仁、索康噶伦照常办公。此日发出通知：拉萨和雪地涅巴、米本、检察官、香灯官等，应在每年的规定时间内，报告收入情况。但后来由于出现没有及时报告的情况，加之新年传召法会临近，工作繁忙，特别是本府和差迪列空也急需法会布施钱物。为此决定今年收入情况报告时间分别定为：本月十一日缺，十三日香灯官，十五日拉萨涅巴，十七日检察官，十九日雪地涅巴，二十一日米本。届时按顺序报告，不得延误。如出现不及时上缴和质量问题，就要处罚。此项安排都要认真执行，通知清楚。即日。

五日，多仁噶伦、吞巴两位噶伦照常办公。新任马草官孜仲平措嘉措和普龙巴两位已到机关就任，前来报到，放行至尊前，由卓尼接纳所献哈达，离开时回赠所献哈达并传令妥善作好各项工作。

六日，多仁、吞巴、索康噶伦照常办公。此日惯例的堪囊报账和大皇帝的庆贺拜谒日吻合，由礼品管理者萨窘少爷和噶仲白伦报告账目，管理的两处礼品，比以往有所增加。对两个主要者每人赏阿喜哈达一条并对萨窘少爷赏一件粉红呢子衣料，对白伦赏一件葱色衣料，对四名佣人每人赏一条卡索哈达和一方浅蓝衣料。扎什伦布卓尼门热瓦为法会布施前来报到，放行至尊前，报告见登记册，人物见面礼 9 捆香。

七日，多仁、索康两位噶伦照常办公。为重设边坝驿站[339]和解决百姓归属的拉瓦少爷孜本和噶厦卓尼江中巴执事两名前来辞行，放行至尊前，在虎皮垫上入座，斟客茶，回赠所献哈达并赏其佐哈达和教导有关事务；对噶准江中巴赏值一块砖茶布料。按惯例为新年对衙门的汉藏众仲译赏钱10两，包在纸中盖封印，经冲乃普和扎朗发给。

八日，多仁、吞巴两位噶伦照常办公。到扎什伦布送新年礼品的布达拉宫森噶土丹前来辞行，放行至尊前，在虎皮垫上入座，斟客茶，回赠所献哈达并赏其佐和一块砖茶。

九日，上午多仁、吞巴、索康等噶伦前往衙门，然后前往策默林汇报。

十日，多仁噶伦照常办公。

十二日（十一日缺），多仁、索康两位噶伦照常办公。

十三日，多仁、索康两位噶伦照常办公。孜本赤门少爷已到机关，前来报到，放行至尊前，在缎垫上入座，斟客茶，由卓尼接纳哈达，离开时教导有关工作后回赠所献哈达；然后前往康松接受香灯官的献礼。

十四日，多仁、索康两位噶伦办公片刻。此日雪属按惯例发出十六日为至尊宝敬献解除闭关修行哈达的通知。

十五日，上午多仁、吞巴、索康三位噶伦前往帕日衙门，然后多仁、吞巴两位噶伦前往布达拉宫，同雪的代表扎萨和布达拉宫的堪布一起，打开囊色堪佐[340]取出珠宝装饰；此后马上前往接受涅仓的献礼。

十六日，上午四位噶伦为至尊宝解除闭关修行，前去敬献哈达。为怙主杰曹仁波切敬献解除闭关修行哈达，按惯例对赛朗巴以上发出通知。

十八日，上午多仁、吞巴、索康三位噶伦为汉粮问题前往颇本衙门，然后照常办公。禀报雪仲卡尔措瓦从探亲回归，前来报到；弹药库仲译平措绕丹巴从乃东收粮回归，前来报到，由森噶接纳哈达。对弹药库仲译传令道：新年传召法会即将来临，因弹药库仲译达唐巴不在，不能延误各项工作。

十九日，为杰曹仁波切解除闭关修行，前去敬献哈达；然后吞巴、索康两位噶伦前往查验雪巴的报告。

二十日，上午四位噶伦前往衙门，然后马上去办公。禀报雪仲噶沃囊巴前来报到，由森噶接纳哈达。按惯例发出明天二十一日封汉印的通知。

二十一日，多仁、吞巴、索康三位噶伦办公片刻后，前往查收米本的献礼；此后前往在马背上封汉印的地方。

二十二日，多仁噶伦照常办公。

二十三日，多仁、吞巴、索康三位噶伦照常办公。准备了朝拜色拉金刚橛[341]时，对寺庙执事献的卡索哈达，和三日对乃穷僧众的布施钱币15两、对降神师的“帕佐”哈达、对涅巴的其佐哈达，对各神殿的敬神哈达三条、其佐两条、卡索三十五条。发出二十四日怙主杰曹仁波切出行至衙门的通知。

二十四日，夏扎、吞巴两位噶伦照常办公。此日按惯例对四个公馆各送一张纸条：对两位大臣由每公馆各准备其佐哈达，着衣藏制青铜塑像，呢子衣料，每卷价值4、5两的点纹单色氆氇各两卷；各衙门有两位强佐，对每强佐（备）其佐哈达，同上氆氇一卷；对加果切、笔帖式、颇本、大老爷等每人（备）其佐哈达一条，氆氇各两卷；对总爷其佐哈达一条，氆氇一卷；对弹药库众笔帖式，四个公馆共同筹集每袋有3如克[342]的净米两袋和十二装西宁砖茶一包；对两个衙门的法官、档案员、"汉仲"[343]等的赏赐品，请按各公馆的纸条做好准备。

二十五日，四位噶伦前往两个衙门送新年份子，此日没有办公。

二十六日，四位噶伦前往策默林，排列斋僧茶施主名单[344]。按惯例发出明天朝拜色拉金刚橛的通知。

二十七日，多仁、夏扎、索康三位噶伦照常办公，吞巴噶伦请假。雪仲格结巴前来报到；请来色拉金刚橛，对色拉寺的"悦众维那"等每人赏一条索达哈达；新任香灯师长[345]洛桑盖丹前来报到。出席水龙新年第一二天的欢宴和一日的多窖祭祀吉祥天女的有：迥先生、各位噶伦、公爵、扎萨、达喇嘛、台吉、玉妥少爷、拉鲁少爷、霍尔康少爷、卸任颇本平康、颇本、代本等按惯例盛装，以赛朗巴为代表的仲科不论有无职位均以王子盛装，按各自的职位每人带两条洁白的哈达前来，不得有误。第一二天欢宴时，在大殿内迥先生、四位噶伦均可带一名佣人外，其他不论贵贱，谁都不许带佣人一类。同时三日为大祭乃穷降神师，迥先生和各位噶伦要前往，为此公爵、扎萨、达尔汗堪布、达喇嘛及颇本、代本、赛朗巴等仲科不论有无职位按惯例盛装，根据各自的职位每人带一条洁白的哈达，集中到哲蚌林卡场地旁边后，同佣人一起前往。去时仲科不论有无职位都要去布达拉宫山后庆典地方报到，各部门也要按优良传统做好准备；对大祭活动，除有特殊公事事先请假外，其他都要志愿参加，不得敷衍了事和轻视等。此事务必通知清楚。即日。

二十八日，吞巴、索康两位噶伦办公，多仁、夏扎两位噶伦请假。此日瓷碗管理寨雄巴为新年法会前来报到，哈达在森噶由卓尼接纳。

二十九日，上午多仁、吞巴、索康三位噶伦办公片刻，夏扎噶伦未来。然后按上述通知，四位噶伦为布达拉宫二十九朵玛[346]前往布达拉宫。此日通知：甘丹赤巴仁波切从甘丹寺到拉萨大法会寺，为此，帐篷者负责帐篷围帘，坐垫管理负责宝座和坐垫，噶厦膳房负责敬茶，瓷碗管理负责瓷碗等都要做好准备；为迎接，八位俗官以王子装前往，本部下设的涅仓登记名单，通知各属。

注　释

1. 噶厦（བཀའ་ཤག）——西藏地方政府。清乾隆十六年（1751），因珠尔墨特那木扎勒之乱，清廷废除原封郡王、贝子办理藏事的制度，改由噶伦四人（三俗一僧）、噶厦仲译二人、噶厦传达官四人、侍卫四人、“埃仲”（ཡིག་དྲུང་，埃巴仲译，西藏地方政府时期，从埃地方调来能写藏文行书珠匝体、但任文牍职务人员的通称。）二人组成噶厦，秉承驻藏大臣和达赖喇嘛意旨共同处理西藏地方事务。1959年3月，国务院明令解散。（《藏汉大辞典》［以下简称《藏汉》］78页）

十三世达赖喇嘛执政时期，规定首席噶伦（བཀའ་བློན་ཁྲི་པ）必须由僧官担任。（见《西藏自治区概况》［以下简称《概况》］310页）

噶厦中的“噶”为“噶伦”（བཀའ་བློན），“厦”为“官邸”。“噶伦”中的“噶”意为命令的“命”，“伦”意为“大臣”。也就是执行、下达和发布驻藏大臣和达赖喇嘛及摄政等上级命令的大臣。因此，噶厦的实际意思是执行、下达和发布命令的大臣官邸。

噶伦排列：“噶伦喇嘛”（བཀའ་བློན་བླ་མ）为首席噶伦，其他三名俗官噶伦的座次按任命先后顺序，没有高低之分。噶伦没有什么分工。（丹真主扎先生讲述）

2. 日志——记录噶厦噶伦们的每日活动。同样，布达拉宫森穷噶也有达赖喇嘛的每日活动记录的日志。

此书系清道光十一年（1831，藏历第十四饶迥铁兔年）第十世达赖喇嘛时期的“噶厦日志”，是西藏自治区档案馆提供的西藏地方政府历年“噶厦日志”之一。

3. 哈达（ཁ་བཏགས）——一种作见面礼品的丝织物，相当于汉族古代的礼帛。内分特等内库哈达（内库哈达有：吉祥八徽、有寂安乐、镇日吉祥和长寿哈达等四种）、头等阿喜、二等素喜、三等索达等品类。（见《藏汉大辞典》上 195 页）哈达的形状是长条的，其颜色一般是白色，也有黄、蓝等。现在随着社会的发展，哈达的档次也越来越高，如今基本上看不到麻织的二等素喜、三等索达等品类，都用丝织的内库、阿喜哈达，还有化纤的。哈达的用途非常之广，除见面礼外，朝佛、喜事、表彰、迎送、丧事等都用。

4. 四大宰官——四大噶伦。当时的四位噶伦是多仁、夏扎、吞巴、索康。

5. 藏历铁兔年——藏历纪年。

在民族出版社出版的 2004 年的挂历中对藏历的来源是这样介绍的：藏历的来源有三种。（1）主要是藏族本身固有的物候历；（2）自 7 世纪起陆续从汉地引进了五行、八卦、九宫、十天干、十二地支、十二建除、二十四节气、二十八宿、三伏、数九和春牛经等历书的内容；（3）11 世纪从印度引进时轮历以后，藏历以时轮历为主题，而在每天的历注里都加入许多汉历的内容。直到 18 世纪才引进了汉族的时宪历，主要引用了其中的推算日月食的方法。现在每年仍用藏文发布自己的历书。

“铁兔”中的“铁”为藏历的“金木水火土”中的“金”，后常译为“铁”；“兔”为十二属相，即“鼠、牛、虎、兔、龙、蛇、马、羊、猴、鸡、狗、猪”中的“兔”。“铁兔”在汉文中可译为“辛卯”。

6. 一月一日——“一月一日”为藏历新年。藏历与农历都是用闰月调节朔望月和回归年之间关系的阴阳合历，但是由于闰月和大小月的算法不同，所以藏历的新年与农历的春节之间就产生了四种情况：1. 完全相同、2. 相差一天、3. 相差一个月、4. 相差一个月零一天。具体实例如下：

藏历新年	水马年 一月一日 闰十月	木猴年 一月一日	木鸡年 一月一日 闰六月	火狗年 一月一日
公历	1902年2月13日	1904年2月21日	1905年2月9日	1906年2月28日
农历	壬午年 正月初二	甲申年 二月初二 闰二月	乙酉年 正月初一	丙戌年 二月初一 闰七月

重日和缺日（ཆད་ལྷག）是时轮历的一个特点。“重日”（闰日）就是这个日序（日期）要重复一次，“缺日”（空日）就是这个日序要跳过去、空缺掉。一个月里重日和缺日的多少和有无，决定该月的大小。重缺日是为调节太阳日和太阴日日序的对应关系而设置的，有其科学的计算方法。

	重一	重二	无重
缺一	三十天	不可能	二十九天
缺二	二十九天	三十天	不可能
无缺	不可能	不可能	吉祥月

藏历新年是藏族一年一度最隆重的节日。一般西藏前藏地区的人民根据自己的经济状况，从藏历十二月开始准备新年所需的物品，即：家家户户培育青稞青苗（有的从街上购买）；购买肉类（主要是牛羊肉）、酥油、青稞、清油、各种妆饰盛装，购买“碟嘎”用的“卡赛”、羊头、“孜卓”、染成各种颜色的青稞麦穗和新年花（鸡冠花）等“竹索切玛”的用品，住房房顶的经幡和经杆（插经幡用的树杆）、垂帷（栋梁和门窗上面挂的）、麦秆（驱鬼仪式用的）等；酿制青稞酒，炸各种“卡塞”（果子）；各家各户以厨房为主全面打扫卫生，这必须在二十九日以前完成。

藏历十二月二十九日晚上全家吃“古突”（古突的“古”是数字9的意思，这9有两种含义，一是29日，二是9种食品；“突”是面疙瘩汤的意思）。之前，给每人发一团用水和的糌粑小团，让每人擦拭各自上下身子，祈祷消除一年十二月三百六十五天的灾祸，然后把糌粑小团装入事先准备好的破陶罐里。将要天黑时开始吃“古突”。在“古突”里放9种食品，这9种料是萝卜、野菜、煮熟的豌豆、煮熟的麦子、肉、葱、白面、盐等。做面疙瘩时，除了正常大小的面疙瘩外，还要做太阳、经书、鼓形状的面疙瘩：一部分大一点的面疙瘩里，分别装入辣椒、木炭、石头、白瓷片、盐、羊毛等一起煮。等正式吃“古突”时，分别盛到每个人的碗里开始吃，在吃的过程中，在碗里出现形状各异的面疙瘩和大一点的面疙瘩时，把它取出来看它们的形状和里面装的是什么。太阳表示富有、威严和荣誉，经书表示聪慧、有学识，鼓表示两面三刀，辣椒表示嘴如刀，木炭表示心肠黑，石头表示心肠硬，白瓷片表示纯洁，盐表示懒惰，羊毛表示善良温顺等等，这些内容任凭家人解释取乐。“古突”每人都要吃 9 碗，吃不了 9 碗也要象征性地吃 9 碗，然后每人吃剩下的古突全部倒入上面所说的破陶罐里，同时放一些酒糟和茶根。此时开始举行驱鬼仪式。由一位女子手持装有古突等的破陶罐前面走，后面一位男子手持点燃的麦秆，走进每一间屋门口喊“出来！出来！”（意思是叫鬼出来），最后走出自己家门。他们走出时不许回头看，如果回头看，认为鬼就会回来。此时家人在后面放土枪或放鞭炮表示驱鬼。出去的两个人把装有剩余“古突”破陶罐和残火扔到一个十字路口后返回家中。二十九日晚上的拉萨烟火缭绕，喊声四起，各家都忙着驱鬼，把一年的不吉和霉运统统赶走，祈盼来年吉祥安泰。

但是，各地虽然都吃“古突”，有些细节各不相同。比如工布地区吃完“古突”剩余都放到插在三岔路口或十字路口被当作鬼的石头前面，说“恶棍吃这些！喝这些！”，而没有送鬼的习俗。

在藏北吃“古突”时，不仅在自家吃，而且轮流到邻居和亲朋好友家去吃；装在面疙瘩里的表示物比别的地区更加丰富。在这一地区把“古突新”放在牛圈旁边表示给牲畜吃，而没有送鬼的习俗。

在后藏的很多地方，不仅有送鬼的习俗，而且还有为防止送鬼人返回时鬼跟随，派人把门的同时要致入门词的习俗。送鬼人致完入门词进门时，要从门口的火堆跳进来，两旁的人们还有给他们撒糌粑和水的习俗。

除了上述习俗外，在后藏格廓地区不仅以自然村为单位集体煮吃“古突”，而且有村集体送鬼的习俗。他们做“古突”只用古突专用品，不用面疙瘩等。

藏历十二月三十日，也就是除夕晚上给佛龛和唐卡敬献哈达，在厨房的墙壁上用面粉点缀并画上八吉祥徽，厨房炉灶上方为表示龙王画上“蝎子”的图案，给水缸、水桶、陶罐等盛器围上哈达，更新房子内的栋梁和门窗上的垂帷，换上新的茶几、卡垫等，房间院子内外进行大扫除，在大门外地上用石灰画上表示永恒的“卐”图形，隆重一点的还画上组合成宝瓶状的八吉祥徽。八吉祥徽是：吉祥结、妙莲、宝伞、右旋海螺、金轮、胜利幢、宝瓶和金鱼。

在正屋佛龛前用各式“卡赛”摆放“碟嘎”。“碟嘎”是由形状不同的油炸面食垒起的供品。最下几层放状如耳朵的“苦过”，其上是长条形的“纳夏”、“光结”和形似大麻花的“木东”，再上放圆盘状的“布鲁”，顶层是勺子形的“宾多”。然后用各类糖果和奶渣串点缀。“碟嘎”位于佛龛前藏柜的正中，其他青稞酒新、人参果米饭、食品、水果、红糖、糖果及其他土特食品，装入盘子向两边排列。一般讲究摆放八样，以求吉祥。“碟嘎”两边要摆上酥油、茶砖、盐块、“推”（酥糕）、冰糖等，预祝新的一年能获丰收。供桌上还必须有一个羊头（可用陶瓷品代替）和绿茵茵的青稞青苗。

还有每家都不能缺少的、要精心准备一个叫“竹索切玛”的五谷斗。斗，用木料制成，斗的外部绘有各种吉祥的花纹图案。斗从中间隔为两半，左面装炒熟的麦粒，右面装酥油糌粑。糌粑和麦粒都堆积成金字塔形，上面插上称为“孜卓”的饰品和染成各种颜色的青稞麦穗及新年花。“孜卓”形似令牌，顶端贴彩色酥油塑造的太阳、月亮和八瑞相。这一切都具有喜庆丰收、预祝来年风调雨顺、人畜两旺的含义。

按照以前西藏地方政府的传统，新年庆典一般为三天：初一是上师新年，初二是君王新年，初三是大祭结束宴。

“上师新年”，就是大年初一早上，在布达拉宫朗杰扎仓僧人吹响一两遍法螺，乐舞师们祈请达赖喇嘛起床。达赖喇嘛起床并完成供佛等早课之后，到寝宫噶丹阳孜殿。达赖喇嘛品尝完敬献的酥油茶、油炸果子、酥油米饭、“珠素切玛”、青稞酒新等后，达赖喇嘛的侍从堪布索本（司膳）和森本（侍寝官）等人迎请达赖喇嘛到参森拉母康殿的法座上，司伦和噶伦等人为首的内廷近侍，大小地方首领等众人向达赖喇嘛叩拜、敬献表示吉祥如意的哈达，达赖喇嘛为他们摩顶。然后，达赖喇嘛的两位经师和侍读生、近侍曲本堪布、朗杰扎仓的轨范师和领诵师等人次第举行吉祥天女迎请酬谢仪轨。为表吉祥，次第敬献酥油茶、人参果、酥糕、麦粥等。在念诵《心性事业》时，达赖喇嘛起身，向圣根顿嘉措的本尊神吉祥天女的唐卡画像敬献表五智光的五种内库哈达并进行祈祷发愿。然后，近侍把达赖喇嘛迎请到寝宫。布达拉宫内的诸官员互献哈达祝福。在寝宫内外摆放会供食品。当太阳照到布达拉宫时，在红宫广场，达赖喇嘛高坐法台，向吉祥天女欲界之主敬献朵玛食子。这时噶伦赤巴代表西藏地方政府敬献三佛田哈达，布达拉宫上下官员以上也按照各自的官位相继敬献哈达，达赖喇嘛为他们摩顶。隆重的仪式举行完毕后，在寝宫日月殿稍坐片刻。然后，达赖喇嘛亲临司喜平措大殿金宝座，参加新年庆典，首席噶伦代表政府和色拉、哲蚌两寺的年老上师各自向达赖喇嘛叩拜并敬献三佛田。前来参加庆典的众人各自落座。两位本年度拉然巴格西中之优秀格西谈经说法。献上表示吉祥如意的切玛、酥油茶、人参果干油饭、油炸面点、糌粑油糕、各类干果等。大卓尼半披着披单表敬意的同时，向各大呼图克图、噶伦贵族、哲蚌色拉两寺的寺主等转达是否安康的问候后，人们从各自的座位上回敬问候。三大寺、上下密院、策默林、木如寺、喜德林、加荣等向达赖喇嘛敬献长寿丸，祝贺达赖喇嘛新年吉祥。另外，舞童们表演精彩的节目，演说者演说吉祥祝福辞，向达赖喇嘛叩拜，返还所献哈达并为他们摩顶。这天举办的盛大庆典，因西藏的各大活佛和三大寺等各寺院堪布等都向达赖喇嘛恭祝新年，故称为“上师新年”。

初二那天一般称为“君王新年”。因为达赖喇嘛执掌政教两权，根据传统习俗要举行新年庆典，成为定例。这天，大约在早晨九点左右，布达拉宫里的僧官们身着盛装“恰主恰堆服”，噶伦等俗官们穿上象征七政宝（金轮宝、神珠宝、玉女宝、主藏臣宝、白象宝、绀马宝、将军宝）的王子装，在司喜平措大殿按照帕木竹巴和仁布的习俗，由宝饰赤巴（首席）、卓尼、索本、两位拈香人、一名手扶，以及数十人，迎请达赖喇嘛到法座。朗杰扎仓的金刚上师和嗓音洪亮者为达赖喇嘛帮腔诵经。老经师等人在念诵祈请愿文期间，把七政宝、八吉祥徽、八圣物等通过宝饰赤巴敬献给达赖喇嘛。然后，色拉、哲蚌寺的两位精通佛典的轨范师进行谈经说法，首席噶伦和赤巴向达赖喇嘛叩拜并代表政府向达赖喇嘛敬献三佛田。参加这天庆典的人有以摄政为主的公、噶伦、达赖喇嘛父家庄园的眷属、僧俗官员、布达拉宫的文化学校师生、各大寺院的上师和执事，同仲科、孜雪恰囊，萨迦、扎什伦布、森巴、拉萨措巴、哲布林等卫藏地区的各大部族头人等。另外，还有克什米尔、尼泊尔、拉达克、不丹逢年朝贡驻拉萨的所有人。达赖喇嘛亲自接见他们并通过大卓尼问候大家是否安康，大家为表示回敬，站起来向达赖喇嘛行礼致谢。接见的第二批人有遍视班禅仁波切、萨迦寺赤钦等派遣来朝贡年货的代表以及直贡、楚布、达隆寺的献供者。他们献过供品后，达赖喇嘛返还所献哈达并为之摩顶。他们为感谢赐护身结和孜恰所赠行叩拜礼。然后，由哲布林巴人跳宗教神舞。表演结束后，八位舞童跳刀舞，十六名普通舞童跳第二轮舞。这天的庆典比初一更隆重。最后，达赖喇嘛接见西藏地方政府的新官员。布达拉宫的庆典结束后，在拉萨雪地内石碑处，过去还表演朗木卓绳戏。

初三，达赖喇嘛的近侍基巧堪布、索本、森本、曲本等人把达赖喇嘛迎请到参森拉母康殿的法座上，达赖喇嘛的经师、近侍曲本堪布、各位侍读，朗杰扎仓的轨范师、领诵师等人，陪同达赖喇嘛举行护法神的酬补、请托、礼赞、催功和会供曼荼罗等宗教活动，并在念诵祈请愿文的空隙里，给达赖喇嘛敬献酥油茶和米饭等。活动结束后，达赖喇嘛起身向其誓愿护法神吉祥天女的唐卡画像敬献哈达。同时，为了辨别占卦新的一年里教政有无灾难，做事如何取舍，政府秘书把装在一个长柄瓷碗里的糌粑团，通过近侍基巧堪布送到达赖喇嘛手里。达赖喇嘛在糌粑团里装好写有字的纸条后，把达赖喇嘛迎请到寝宫。在寝宫内按常规例会外，还有哲蚌寺措钦大殿的两位掌堂师、两位管净水僧、四位内廷近侍执法僧、大殿领诵师、掌堂师的大助手、管理柴薪员、普通掌堂师助手十九人，以及两位烹茶者前来报到叩拜，同时，请求祈祷活动的传令，传令在布达拉宫侍卫处通过大卓尼传达。之后，达赖喇嘛返还所献哈达并赏赐护身结。这天，两位米本前来报告甘丹经杆树立完毕的情况，通过大卓尼返还所献哈达并赏赐护身结。俗官们早晨前往乃琼寺大祭护法神时，布达拉宫方面也派一大堪布作为代表，并带上达赖喇嘛的私章内宫印和占卦用的哈达等。下午，在宗角娱乐厅内设宴，舞童们一边唱歌跳舞奏乐，一边向人们敬酒。诸位噶伦这天头戴红缨帽，这是一直沿袭下来的习俗。然后，弓弩手们比赛射箭等。活动完毕后拉让恰佐机构向上至噶伦下至普通俗官逐一献哈达，表示庆典结束。这天叫初三结束宴。

群众的藏历新年过法与官方有所不同。大年初一清晨，主妇要去河边或者从井里打回新年第一桶水新。主妇还在天不亮就起床熬“观颠”，家人在起床前必须至少喝一碗。“观颠”是青稞酒、人参果、奶渣、红糖等一起熬制的“酒粥”。家人喝完“观颠”后即刻起床，首先在自家吃“切玛”，祝贺新年说：“吉祥如意同兴旺，贵体安康精神爽，明年此时再欢聚，祥和喜乐福运长。”。梳洗打扮后一道喝酥油茶、酒新，吃“卓玛折塞”（人参果米饭）、麦粥、油炸果子等祝贺新年。这时象征着吉祥的“折嘎”来到你家门口，不仅要给他献上哈达，而且还要给他五盘各种食品。然后到大昭寺、小昭寺朝佛。

天刚亮，街坊邻居热闹的新年互拜便开始了。每家由两人代表，一人端“切玛”盒，一人提青稞酒壶，挨门去邻居家拜年。人们互致“扎西德勒平松措”（意为“吉祥如意大圆满”）的新年祝辞，主人让客人吃“切玛”，客人会抓一小撮糌粑粉向上扔三下，以示敬奉三宝（三宝：佛法僧）、天地神灵，然后放少许于口中品尝。双方互相敬酒，喝酒前用无名指从酒杯中向上弹三下（敬奉三宝）后，喝“三口一杯”。新年早晨，等拜完年回到家时，往往早已飘飘欲仙。这天除了各自家中玩乐之外，没有到别人家中做客的习俗。

藏历初二开始走亲访友，互相拜年祝贺，唱歌跳舞，欢度佳节。活动一般持续到藏历十五日。但是藏历年过多长时间，没有统一的规定，可以根据各自的情况和经济条件。摆放在神龛前面的碟嘎等供品，一般要放到藏历十五日。十六日就撤消，也就是说藏历新年活动结束了。

初二或者初三的一个吉日上午，家人及左邻右舍的亲友共聚房顶，举行“托苏”（祭房顶神）仪式，插换房顶上的五色经幡，点燃桑烟敬神，祈祷神灵保佑全家人四季平安，家业兴旺，唱藏戏，互相敬酒、请吃各自带来的食品，欢欢喜喜。

大年初三，传统藏历新年期间，拉萨正逢一年一度的传召大法会，人们在过年的同时，还进入传召大法会和十五的酥油花灯节的活动。

如今，在西藏，西藏自治区党委、人大、政府和政协及各直属部门的领导人欢聚在一起，互献哈达祝贺藏历新年；北京等驻内地各办事处和有关藏学、藏语文单位举办茶话会等庆贺新年的联欢活动，在内地的藏汉领导和藏族同胞共祝藏历新年。

现在拉萨地区的藏历新年既有浓厚的传统色彩，又充满现代的生活气息。除欢庆新年佳节外，还汇入人潮观看有关法事活动，特别是正月十五的酥油花灯节。一般来说，农村保留传统的东西较多，城镇则变化较快。城镇居民和职工在新年期间既精心准备各种传统食品，又购买现代的美食佳酿、各式糖果。既喝传统的“古突”，又外出订餐或在家吃团圆饭。除夕之夜许多人更是通宵不眠，或看电视，或唱“卡拉 OK”，或打麻将扑克。大年初一，过去除街坊邻居外忌讳串门，现在请客来家或外出赴宴已不鲜见。娱乐方式越来越多，活动内容丰富多彩。节日期间，拉萨市的大街小巷灯火通明，宾馆酒楼的歌厅舞厅和影院全部开放，宽阔的布达拉宫广场装饰一新，处处张灯结彩，一派喜庆祥和的气氛。既可见围绕布达拉宫、大昭寺礼佛的人群，身着节日盛装唱歌跳舞的人们，又可见衣着时髦新潮，潇洒地玩桌球、跳现代舞的青年男女。传统与现代的交织，使节日变得更加多姿多彩。

在日喀则部分地区，传统新年比拉萨早，称为“索朗洛萨”，意为“农民新年”，时间是藏历十二月一日开始过年，较之藏历新年恰巧前推了一个月。现在日喀则地区除个别地方外，藏历新年和索朗洛萨都在过。

工布新年为每年藏历十月一日开始。这一习俗相传已有一千多年的历史。传说在吐蕃时代，一支魔国军队入侵西藏，赞普命令工布土王阿吉王率领工布青壮年组成军队前往抵抗。出征时正值秋收后的九月，将士们惋惜不能喝上过年的青稞酒，不能吃上过年的点心，也不能围着松柏枝点燃的篝火跳激越欢快的舞蹈。为了鼓舞士气，阿吉王决定把新年提前到十月一日来过，将士们随之义无反顾地出征，并取得了战争的胜利。为了纪念当年英勇征战的将士，每年的十月一日，工布人民都要献三牲为将士们守夜。久而久之，便形成了十月一日过工布年的习俗。有关传统藏历新年的官方和民间的庆贺方式见《东噶藏学大辞典》（2009年9月第二版，下同）1437页。

7. 佛善宿星——有四星，形如象头及鼻。（《格西曲札藏文辞典》955页）

8. 卓尼（མགྲོན་གཉེར）——知客，知宾。内外接待宾客的人。“噶厦卓尼”，是噶厦的传达官。西藏地方政府的噶厦中有三个噶厦卓尼。他的任务是：负责报告“列参巴”以上官员出行外地时的辞行礼和返回后的报到礼；负责噶厦日志里后天通知的登记；县和谿堆的人选普通雪仲报到出行时，按照噶伦的指示，对噶厦噶门卫传达活动命令；在噶厦内收到文字或口头的报告时，负责从门卫处取出后按顺序向噶伦报告；负责登记噶伦们的每日工作情况；负责登记噶厦向达赖喇嘛的书面报告，送达布达拉宫大卓尼等。（《东噶藏学大辞典》［以下简称《东噶》］630 页）

9. 仲译（དྲུང་ཡིག）——秘书或书记员。

10. 嘎喜瓦（དགའ་བཞི་བ）——此处的嘎喜瓦是下面所说的“多仁（རྡོ་རིང）”。这里的噶喜瓦或多仁是指多仁·米珠索朗班觉。（《西藏贵族世家》72 页）他很可能是这一家族的最后一个噶伦。

11. 夏扎（བཤད་སྒྲ）——这里指夏扎·顿珠多吉（བཤད་སྒྲ་དོན་གྲུབ་རྡོ་རྗེ）。（《东噶》2396 页）有关夏扎家族的详情，请阅《西藏文史资料选辑（十五）》《西藏贵族世家》117 页。

12. 布达拉宫（རྩེ）——舟岛，为梵语的变音。旧译普陀或普陀洛。佛教徒认为是南海中圣地，观音菩萨刹土。公元 7 世纪松赞干布时在布达拉山上创建王宫，后来经历兵燹，殆成废墟。今全部建筑为后期修建，依山叠垒，高十三层，分白宫和红宫两部分，白宫是公元 1645 年动工，至 1648 年建成的白围墙部分；红宫是 1690 年动工，至 1694 年建成的红围墙部分。除了白宫和红宫外，东侧和下面的一些房屋为黄色。白红黄三色围墙不仅仅是为了外观，各有其深刻的内容：红色表示降伏三界（欲界、色界、无色界），白色表示完全静住，黄色表示寿命和福运等繁荣昌盛。主要建筑的白色和红色表示西藏的政教犹如日月同辉，白宫是从事政府活动的宫殿、僧舍、仓库等；红宫都是举行宗教活动的殿堂和神殿。宫内有供置清代皇帝万岁牌位堂殿，达赖寝宫，摄政、噶厦、译仓等西藏地方政府机关的办公地，敛葬五世至十三世达赖喇嘛遗体的各个灵塔，以及神殿、经堂甚多。灵塔屋顶分别有镀金紫铜所盖楼阁，各殿中遍陈名贵佛像、佛塔和密宗坛场。廊殿周围壁上，绘有汉藏关系史、西藏人种源流和佛教神话故事等连环图画，富有浓厚的民族风格。布达拉宫还有四堡：国王堡、夏钦堡、凯旋堡和地母堡。西侧的国王堡为半圆形，表示天上的月亮；东侧的夏钦堡为圆形，表示天上的太阳。二堡如同至高无上的日月，表示喇嘛和官员联合的旧的西藏政教合一制度。东侧角的凯旋堡是为了纪念固始汗率蒙古兵入藏打败藏巴汗·丹迥旺布而修建的，此堡中只住人，而没有佛神像。地母堡是十二尊地母的位置或道观，主供扎西次仁地母。红宫西首别有僧舍多间，供当时长住宫内的大喇嘛居住。

13. 朵玛供（གཏོར་སྐྱོང）——旧时在布达拉宫前门专供朵玛处。

14. 赛朗巴（སྲས་རྣམ་པ）——སྡེ་དཔོན་མི་དྲག་གི་སྲས། 第本、贵人的少爷只要在政府任职就是赛囊巴，有四品待遇。

旧时第本只有五个家族：多仁（也称“噶喜瓦”）、吞巴（也称“拉让宁巴”）、热喀夏（也称“多卡瓦”）、桑珠颇章（简称：桑颇）、拉嘉日；贵人是指担任过噶伦的贵族世家。

15. 至尊——这里指第十世达赖喇嘛阿旺洛桑江白楚臣嘉措。藏历火鼠年（1816）三月二十九日生于康区理塘冲堆诺布家庭，其父洛桑念扎、其母朗杰普赤，六岁认定为达赖喇嘛转世灵童。藏历水马年（1822）一月十八日七世班禅丹白尼玛在聂塘极乐寺为其剃度，赠与“阿旺洛桑江白楚臣嘉措白桑布”法名，并于二月十三日受戒，当年八月八日在布达拉宫尼威齐寝宫的无畏大金宝座坐床。甘丹寺西给图苏玛帝把式、甘丹寺卸任赤巴阿旺念扎、江白益西丹白嘉措等三位任命为经师，对“琼瑟”仁波切开始教授知识。佛王从小刻苦钻研，由于广泛专心闻思显密宗经典，因而教证知识非凡。藏历土牛年（1829）在哲蚌寺闻习教法后，前往色拉寺等地。藏历铁虎年（1830）调查调整前藏各宗豁的政府、贵族、寺庙的土地并力役租税，由各地的首要、庄头、更保、地主豁头等人共同负责，将土地分为上中下三等，重新制定了贵族和寺庙为租税、政府为力役的《铁虎清册》母本。藏历木马年（1834）四月七日全视班禅大师为佛王圆满授予比丘戒。当年佛王在寝宫特地接见了哲布尊丹巴和土尔扈特王爷们，建立了法缘关系，按照土尔扈特王爷的请求，在土尔扈特地区为建立时轮修供，专门派去扎仓僧人。最终二十二岁，即藏历火鸡年（1837）九月一日在平措堆吉寝宫的椅子上面带笑容以安详的坐姿圆寂。其灵塔在布达拉宫金塔三界一严。（《东噶》690–691 页）

西藏政教合一制度下的西藏地方政府中“达赖喇嘛”（ཏཱ་ལའི་བླ་མ）地位很高。“达赖喇嘛”是明神宗万历八年（1580）青海蒙古族顺义王俺答对西藏佛教格鲁派喇嘛更登珠（དགེ་འདུན་གྲུབ）第三代转世索南嘉措（བསོད་ནམས་རྒྱ་མཚོ）所赠称号。后追认更登珠和更登嘉措（དགེ་འདུན་རྒྱ་མཚོ）为第一、第二两代达赖喇嘛。清顺治十年（1653）册封洛桑嘉错（བློ་བཟང་རྒྱ་མཚོ）为第五世达赖喇嘛，历世相传，今已十四代。（《藏汉》1023 页）

“达赖喇嘛”四字中的“达赖”是蒙古语，意为大海；“喇嘛”是藏语，意为上师。因此，其实意为“像大海那样学识渊博的上师”。在藏语中对“达赖喇嘛”还有许多尊称，如：如意宝——“益欣诺布”（ཡིད་བཞིན་ནོར་བུ）、大宝佛——“杰瓦仁波切”（རྒྱལ་བ་རིན་པོ་ཆེ）、遍知佛——“杰瓦唐皆钦巴”（རྒྱལ་བ་ཐམས་ཅད་མཁྱེན་པ）、遍知至尊——“孔萨唐皆钦巴”（གོང་ས་ཐམས་ཅད་མཁྱེན་པ）、至尊怙主——“孔萨嘉棍”（གོང་ས་སྐྱབས་མགོན）、本尊——“顾顿”（སྐུ་མདུན）、遍知佛——“杰旺唐皆钦巴”（རྒྱལ་དབང་ཐམས་ཅད་མཁྱེན་པ）等等。

16. 施主——此处的施主系日志中的杰曹仁波切即策默林赤钦江白楚逞。

17. 吞巴（ཐོན་པ）——吞巴贵族。因居住在拉萨“拉让宁巴”，也称“拉让宁巴”。据说15世纪宗喀巴大师曾住“拉让宁巴”；17世纪五世达赖喇嘛也作过寝宫，后迁至大昭寺楼上新修的“上拉让”，故原住地称“拉让宁巴”。（《东噶》1526页）。在藏语中“宁巴”是原或旧之意。清乾隆十六年（1751）时期组建噶厦时的噶伦（三俗一僧）四人中就有“吞巴·色觉次丹”。虽找不到历史记载，推测那时吞巴家族已经搬进现八廓南街的“拉让宁巴”。有人因不了解“拉让宁巴”名称的来历，把“拉让宁巴”的缘由与“吞弥·桑布扎”联系起来。没有查到此时的“吞巴”是那一位。

18. 索康（ཟུར་ཁང）：这里的索康是指索康·才旦多杰（ཟུར་ཁང་པ་ཚེ་བརྟན་རྡོ་རྗེ）。关于索康的情况，未找到其他资料，请参考《贵族世家》“关于索康家族”141至155页；关于索康的家族名称来历在《东噶》1834页中这样解释的：一个富裕家庭变为地方政府官员的经历，埃拉嘉日瓦的世袭中有了一位姑娘，起初当了尼姑，后来她从家中分出土地和房子，入赘立起炉灶，得名为索康。索康一词在藏语中是另房之意。

19. 羌热（ཁྱམས་ར）——大昭寺前大院，四周有屋顶，中间无屋顶而铺有石板的院子。据资料记载：原赞普时期，只有屋檐围墙的小面积“羌热”，后宗喀巴大师临近倡建拉萨传大召时，按照对帕竹第司王扎巴坚赞提出的好好修缮大昭寺的建议，下令当时的拉萨吉曲下游的掌权者柳梧县长南卡桑布和查噶瓦谿卡二人，修建通天金刚十二柱、连接屋顶十柱、堂庑十柱，并从娘热运进许多大块石头，重新修铺了八廓和羌热石板地面。此后，五世达赖喇嘛执政的几年里，对大昭寺的羌热进行大规模的维修，正门前新修殿门抱厦和内八廓的壁画。（《东噶》328 页）

20. 汉历新年——农历新年，也就是春节。

21. 衙门——是钦差驻藏办事大臣的住处，在藏语中仍借用了汉语“衙门”音。

22. 噶厦通事（བཀའ་ཐུང）中的“通事”在藏语中仍借用汉语音并简称为“噶通”。

23. 驻藏大臣（ཨམ་བན）——此名称在藏文中仍借用满语“安本”。钦差驻藏办事大臣（驻藏大臣）的设置是清朝中央政府对西藏地方行使主权和加强行政管理的重要措施，也是清朝治藏政策的核心和关键，在历史上曾经起过重要的作用，产生过深远影响。设置驻藏大臣是清朝治藏政策的产物。以满、蒙亲信大臣统兵直接统治边疆民族地区，是清朝为强化封建中央政权，巩固和加强多民族国家的统一，维护边疆和国门的安宁所采取的一项传统政策。驻藏大臣的设置，是这项政策在西藏的具体实施。驻藏大臣的政治地位和职权，有一个历史的演变过程：雍正五年（1727 年）至乾隆十五年（1750 年）是监督藏政时期；乾隆十六年（1751 年）

至乾隆五十七年（1792 年）是与达赖喇嘛共理藏政时期；乾隆五十八年（1793 年）“二十九条章程”的颁布，开始了由驻藏大臣主持、总揽藏政的时期。这种行政管理体制直至清朝灭亡，始终未变。（引自《清朝治藏典章研究》上 286 页）

24. 汉官（རྒྱ་དཔོན）：指驻藏大臣衙门的官员。

25. “雪（ཞོད）”——摄政的办事机构。

26. 颇本（ཕོགས）——粮台长官。旧时管理军粮的长官。（《藏汉》1729 页）

27. 代本（མདའ）——西藏地方政府藏军军职。清乾隆末年，始确定每一代本辖兵五百名，后来渐有扩充。（《藏汉》1376 页）相当于“团长”。

28. 王子装（རྒྱ་ལུ་ཆས）——西藏地方政府重要典礼中，俗官所着礼服之一种。全副装束具备佛家所说国政七宝：披单表白象宝、耳坠表金轮宝、耳轮表玉女宝、腰刀表将军宝、荷包表绀马宝、白裙帽表主藏臣宝、珍珠总体表神珠宝。倡导者为 14 世纪时，明封阐化王帕竹·扎巴坚赞。（《藏汉》538 页）

29. 庆典——庆典上有堆满油炸果子的惯例。

30. 阔佐（གོ་མཛོད）——弹药库。（《藏汉》367 页）

31. 朗木卓绳戏（གནམ་གྲོ་ཐག་རྫེད）——旧时，藏历正月初二，在拉萨布达拉宫东阁楼至山下石碑间之空中，高悬长绳，令后藏朗

木卓地方差民自上溜下，以供统治阶级观看娱乐。因常有死亡，后废。（《藏汉》1539 页）

32. 拉恰（བླ་ཕྱག）——拉让强佐的简称。西藏地方政府专管传召法会开支和收入的机构。

33. 珍宝围裙（རིན་རྒྱན་པང་ཁེབས）——珍宝装饰的围腰。

34. 怙主杰曹仁波切（སྐྱབས་མགོན་རྒྱལ་ཚབ་རིན་པོ་ཆེ）：即赤钦·额尔德诺们汗 ཁྲི་ཆེན་ཨེར་ཏེ་ནོ་མིན་ཧན（策默林二世江白楚臣 ཚེ་སྨོན་གླིང་སྐུ་ཕྲེང་གཉིས་པ་འཇམ་དཔལ་ཚུལ་ཁྲིམས）。

“杰曹”（司迥）由“呼图克图（ཧོ་ཐོག་ཐུ）”（呼图克图是蒙古语，意为圣者）担任。行使达赖喇嘛职权的代理制度始于藏历第十三绕迥火牛年（1757）二月三日七世达赖喇嘛格桑嘉措圆寂后，乾隆皇帝任命第穆呼图克图阿旺江白德来加措担任杰曹（摄政），管理西藏的政教事务。第穆呼图克图成为西藏历史上的第一任“杰曹”。

达赖喇嘛圆寂之后至下世达赖喇嘛认定坐床前，代理者称杰曹。杰曹在藏语中有两层意思，一层是“代理国王”，一层是“代理佛爷”之意。达赖喇嘛寻访认定坐床后至亲政前代理者称“司迥”（སྲིད་སྐྱོང），司迥在藏语中是“摄政”或“执政”之意。所以“杰曹”和“司迥”的称谓在时间段上是有区别的，而在汉文中统称摄政。其实两者只是一人的不同称谓，所起的作用就是执政。达赖喇嘛及“杰曹”

（“司迥”）在政教合一制度中是核心人物，也是政教合一制度的集中代表。

从严格意义上说，策默林二世江白楚臣在日志中不应称“杰曹”，而应称“司迥”，因为他是在藏历土兔年（1819）三月四日接替突然圆寂的司迥策穆呼图克图职位的。此时第十世达赖喇嘛阿旺洛桑江白楚逞嘉措已于藏历水马年（1822）八月八日坐床。日志中称其为杰曹，实际是沿用了九世达赖喇嘛圆寂到十世达赖喇嘛坐床前的称呼。

策默林寺在小昭寺西面，与喜德寺相邻。策默林寺名是建寺后清道光皇帝赐给的。该寺在策默林二世江白楚臣担任西藏地方摄政后六年，也就是第十三绕迥木鸡年（1825）开始修建，属色拉寺麦扎仓。

策默林呼图克图在历任摄政中政治影响较大，很受清政府赞扬和尊重，故策默林寺也列入四大林（策默林寺、功德林、丹杰林、喜德林）之一。策默林一世阿旺楚臣是七世达赖喇嘛圆寂后，也就是西藏地方有了摄政杰曹制度后的第二任摄政，先后为八世达赖喇嘛扶持政务近二十年，遵照乾隆皇帝的谕旨前往北京为巩固祖国统一、有利于汉藏民族团结，作了很大的贡献。策默林二世江白楚臣在第十四绕迥土兔年（1819）至木龙年（1844）间担任25年摄政，在此期间还担任了甘丹赤巴。因与清政府的前后驻藏大臣和扎什伦布寺的仆从在政务方面不合，地方政府的部分官员和驻藏大臣禀报道光皇帝，监禁策默林摄政和扎萨强佐二人，并撤销其摄政名位。色拉寺麦扎仓僧人们反叛地方政府，将策默林摄政迎请到色拉寺保护起来。策默林寺因此遭到严重的破坏，而且摄政本人也穿上囚衣被流放到西宁，策默林拉让各地谿卡被没收，新建一所策默林管理处，并竖立一个不许寻访灵童的石碑。该寺的许多贵重财产分给布达拉宫朗杰扎仓和其他寺院。十三世达赖喇嘛时期，哲蚌寺洛色林扎仓、色拉寺麦扎仓和上密院扎仓上书请求准许寻访策默林灵童，并请赏还部分策默林拉让和寺庙损失的财产。考虑到策默林一世阿旺楚臣时期在政教两方面建立了很大功勋，光绪帝批准寻访认定灵童、返还部分原没收的寺庙谿卡，但不许承袭呼图克图名号。第十五绕迥铁狗年（1910）十三世达赖喇嘛避险到印度期间，策默林四世阿旺洛桑丹白坚赞担任甘丹赤巴的同时被清廷任命为代理摄政，从此，策默林拉让和寺庙重新富裕起来。（《东噶》1729—1732页）

35. 扎萨（ཛ་སག）——清代官名，意为总管。此官在西藏地方政府为正三品。

36. 内寝（སྒུག）——指杰曹内寝。

37. 基巧堪布（སྤྱི་ཁྱབ་མཁན་པོ）——达赖喇嘛贴身内侍总管，地位等同于噶伦的三品僧官，为八世达赖喇嘛江白嘉措所设。其主要职责是统管达赖喇嘛全体近侍人员，为达赖喇嘛日常生活服务；接转百姓向达赖喇嘛的禀奏。在日常政务中，其权力与噶伦相同。遇重大文武事项，与噶伦共同商议，并总管布达拉宫全体僧官和各寺庙的“孜（布达拉宫）译仓列空”（ཡིག་ཚང་ལས་ཁུངས），办理各寺重大事项，及寺庙亲教师“堪布”（མཁན་པོ）、执纪僧“协俄”（ཞལ་ངོ）、地方政府驻哲蚌寺代表“颇章第巴”（ཕོ་བྲང་སྡེ་པ）、驻色拉寺代表“森康第巴”（གཟིམ་ཁང་སྡེ་པ）等要职和僧官的任免事宜，与噶厦共同负责把关布达拉宫内历代达赖喇嘛储存金银绸缎等的仓库进出关，同“译仓列空”管理 34 箱装有历代藏王的各种贵重服饰 34 套。（《东噶》1318—1319 页及单真主扎先生口述）

38. 汉规起床鸣枪（རྒྱའི་ལང་རྡ）——旧时，按照汉规每天早晨天蒙蒙亮时鸣枪为起床信号。

39. 乃穷（གནས་ཆུང）——在西藏历史上有这样的说法：吐蕃赞普赤松德赞在建完桑耶寺后，考虑到该寺要有一个凶狠的保护神，于是他报告莲花生大师。莲花生大师下令天龙八部担任。他们说：我们不敢保护此神庙，北方有一个来源于凶狠类的非人白哈尔王，他能够为一个细针大的财宝，追随秃鹫十八天的行程，因此把他任命为此庙的保护神为好。于是大师向赞普报告此缘由，赞普派遣自己的公子木迪赞普率几十万军队攻下毗沙门禅院，把所有有价值的财宝运往吐蕃，同时白哈尔王也跟着到了吐蕃。此时莲花生大师用法力制伏他后，任命为桑耶寺护法神。乃穷是该护法神的干事大臣多吉扎丹，起初在拉萨蔡公堂寺担任护法神，藏历第九绕迥火马年（1546）蔡公堂寺发生火灾时，此寺堪布说：你这个死鬼连这样一个寺庙也不能保护的话，我们供奉你有什么用处！堪布将乃穷投入一个死鸽子后，装在小箱子内抛入拉萨河。此时，哲蚌寺德阳扎仓的堪布是角巴强秋班丹，他对近侍说：今天你等候在哲蚌寺前的河旁，河里会飘有一个装着东西的小箱子，你把它捞上后，原封不动地拿到我跟前来。近侍手持装有东西的箱子来到哲蚌寺前山下时心想，今天上师专门派我去拿这个箱子，到底箱中装有何物？于是他把箱子打开，箱内飞出一个鸽子，落在寺庙山下一棵杨树上。他将此情况汇报给上师，上师说："你今天没有起到作用，不开此箱，拿到我跟前，这护法神能留在寺内。"于是在落下鸽子的树旁修了一座地祇垒。从此这护法神名叫乃穷并成为哲蚌寺的护法神。从二世达赖喇嘛开始，历代达赖喇嘛供奉乃穷为护法神，西藏地方政府建立后，成为政府供奉的主要护法神。第司桑结嘉措以乃穷地祇垒为基础，修建了乃穷多吉扎央林。

据传，在哲蚌寺前面的乃穷多吉扎央林是哲蚌寺德阳扎仓的堪布角巴强秋班丹创建的。如今的乃穷扎央林是第十一绕迥铁鼠年（1660）至土猴年（1668）的九年中第司赤列嘉措时期奠基，但由于护法神说要修建比他的基地更为重要的密宗房的缘故搁下，后来按照五世达赖喇嘛的指示，草图等各个方面由第司桑结嘉措亲自部署，由吉堆巴·丹巴坚赞和普龙巴·平措格桑进行工程管理，以及由五千多名土木工匠于铁鸡年（1681）动工，次年成型，水猪年（1683）以八种所依和能依修建完成具有奇异特征的乃穷扎央林。当年藏历九月十四日江央扎巴比丘担任金刚师，举行并完成利乐正论寺院（ཕན་བདེ་ལེགས་བཤད་གླིང）盛大聚会开光，将原来的乃穷优洛贵寺（གནས་ཆུང་གཡུ་ལོ་བཀོད་དགོན）和卓栋神殿（སྒྲ་སྡོང་ལྷ་ཁང）合并并取名为“多吉扎央林”（རྡོ་རྗེ་སྒྲ་དབྱངས་གླིང）。寺内最高人物为乃穷佛主达赖喇嘛，还有依次乃穷第巴或管家、殊胜化身活佛、导师、翁则、格归、护法神书记、两名称为“顾顿”的降神扶持；僧人人数在第司桑结嘉措时期定为 101 名，十三世达赖喇嘛时定编为115名。附体于乃穷护法神的是威丹噶布战神和多吉扎丹神。该寺不分格鲁、宁玛、萨迦的主张，是西藏地方政府供奉的主要护法神，因此，神旨的开头就有写“政府主供战神乃穷大法师”的惯例。该寺的大殿大门上方有一个汉文大匾，是道光皇帝所赐（见《十一世达赖喇嘛传》）。因寺主为译仓列空，所以是公立寺院。（《东噶》1231—1233 页）

40. 乃穷降神师（གནས་ཆུང་ཆོས་རྗེ）——护法大神。西藏地方政府所供奉的护法神汉。

41. 回民寺（ཁ་ཆེ་ལྷ་ཁང）——此寺在拉萨西郊吉采鲁定旁的“卡

其（回民）林卡”内。现今拉萨除了吉采鲁定旁的“卡其林卡”外，还有两个：一是汉回清真寺，在拉萨太崩岗；一是克什米尔清真寺，在八廓南面。

42. “雪巴（ཞོལ་པ）”——西藏地方政府时代，为总管布达拉宫财物及拉萨郊区政法而设立的一个事务机关。因地址在布达拉宫山下，故名。

43. 曼荼罗（ཚོགས་འཁོར）——会供曼荼罗。佛教行者，观想凭借神力加持五欲及饮食品成为无漏智慧甘露以供师、佛三宝及自身蕴、处、支分三座坛场，积集殊胜资粮的仪轨。（《汉藏》2290页）

44. 护法神（ཆོས་སྐྱོང）——履行誓词，如法保卫佛教的天神。（《藏汉》830页）

45. “新（ཕུད）”——茶、酒、油炸果子等新鲜饮食未入口之前首先取以献神的部分称“新”。

46. 达喇嘛（དྭ་བླ་མ）——清代在西藏所封僧官职位名。

47. 孜卓（རྩེ་མགྲོན）——西藏地方政府官职名，为达赖喇嘛管理接待来宾的僧官。（《藏汉》2224页）

48. 雪准（ཞོད་མགྲོན）——西藏地方政府在摄政时期，专为摄政管理接待宾客的官员，为首者称“奈卓（སྣེ་མགྲོན）”。（《藏汉》2870页）

49. 帕佐（བར་མཛོད）哈达——是内库哈达、中库哈达、外库哈达中的中库哈达。

50. 其佐（ཕྱི་མཛོད）哈达——是内库哈达、中库哈达、外库哈达中的外库哈达。

51. 强佐管家（ཕྱག་མཛོད）——旧时，代理封建领主管理财产的人。（《藏汉》1735 页）

52. 吉鲁冲拉（སྐྱིད་སྐུ་འཁྲུངས་ལྷ）——“吉鲁”即吉采鲁定（སྐྱིད་ཚལ་སྐུ་ལྡིངས），现今属西郊巴日库办事处。拉萨市区去往哲蚌寺的路上一座有围墙的林卡。“吉鲁冲拉”起初是第五世达赖喇嘛阿旺洛桑嘉措祭拜出生土地神之地，后成为从西部认定的历代达赖喇嘛祭拜出生土地神之地。此庙常驻有布达拉宫朗杰扎仓一位僧人，每年祭拜出生土地神。另外，历代达赖喇嘛去往西部各地时在此地举行迎送，叫“接官亭”。在此地，五世达赖喇嘛时期就有休息的宝座和骑马蹬。（《东噶》261—262 页）

“冲拉（འཁྲུངས་ལྷ）”是出生土地神的敬称。以前在现今拉萨东部纳金办事处有一叫“冲拉”的村庄，是祭拜七世达赖喇嘛格桑嘉措的出生土地神“玛钦崩热”（རྨ་ཆེན་སྤོམ་ར）之地。因有一庙，常驻有“利乐正论寺院”一僧人，成为西藏地方政府每年祭拜从东部认定的历代达赖喇嘛出生土地神之地。（《东噶》470 页）

53. 卓尼江中（མགྲོན་གཉེར་ལྕང་གོང）——一贵族家，所指

具体人不详。

54. 索达（བསོད་བཏགས）——一种质量较差的哈达。（《藏汉》3050页）

55. 宗角（རྫོང་རྒྱབ）——这里的“宗”是指布达拉宫，“角”是后面之意。就是布达拉宫后面。

56. 措钦（ཚོ་ཆེན）——大部落之意。

57. 列参巴——西藏地方政府五品僧俗官职名。（《藏汉》2776页）

58. 侍从（གཟིམ་འགག）——旧时达赖、班禅等最高统治者的内寝侍从，通常选身躯高大者充当。（《藏汉》2496页）

59. 布达拉宫膳房（རྩེ་གསོལ་ཐབ）——专供达赖喇嘛的膳房。

60. 甜奶渣（ཕྱུར་མངར）——是牛奶里提炼出来的加糖奶酪。

61. 酥油茶（གསོལ་ཇ）——酥油即牛奶里提炼出来的奶油，茶是砖茶。烧开的砖茶水加盐，倒入酥油桶里后放入适量的酥油，进行搅拌。如凉了，只能加热，不能烧开。开了就分解了，不好喝了。

62. 膳食（ཞལ་ལག་སྙིན）——对食品、粮食的敬语。

63. 加持（བྱིན་རླབས）——神力、威力、福力。安住圣道法位的自在威力。（《藏汉》1885页）

64. 甘丹经杆（དགའ་ལྡན་དར་ཆེན）——在拉萨八廓东北角的经杆，每年藏历年前为换装放倒，藏历元月三日那天，由负尸会负责换装竖起。拉萨街头的经杆每年都要在惯例的日子里放倒换装后竖起。如：八廓东南角街头的夏嘉日经杆是藏历十二月八日放倒，十五日竖起。

65. 拉鲁（ལྷ་ཀླུ）是第八世、十二世达赖喇嘛的父家庄园。

66. 德本（སྡེ་དཔོན）是部落长或酋长。

67. 噶仲（བཀའ་དྲུང）——“噶厦仲译”的缩写。西藏地方政府噶厦的秘书或书记员。

68. 绕夏（རབ་ཤར）——贵族。

69. “祝愿善神得胜（ལྷ་རྒྱལ）”——原为苯教颂扬神灵的术语，现已为一般宗教徒祷神时的通用语。（《藏汉》3080页）

70. 哲蚌寺（འབྲས་སྤུངས）——格鲁派前藏三大寺之一。在拉萨西郊更丕乌孜（དགེ་འཕེལ་དབུ་རྩེ）山下。公元1416年（明永乐四十年丙申），绛阳曲杰·扎西巴登（འཇམ་དབྱངས་ཆོས་རྗེ་བཀྲ་ཤིས་དཔལ་ལྡན）所倡建。公元1642年，五世达赖喇嘛在寺中甘丹颇章建立地方政权，为格鲁派开始干预西藏地方政治之始。（《藏汉》1990页）

全称吉祥米聚十方尊胜州，旧泽别蚌寺、布赉绷等，坐落在拉萨西郊约十公里外的更丕乌孜山南坡的山坳里，系宗喀巴的著名弟子绛阳曲杰·扎西巴登（绛阳曲杰是个尊称，意即妙音法尊）于1416年创建的，为我国格鲁派著名六大寺之一。

绛阳曲杰·扎西巴登出生于山南桑耶地方一个豪富家庭，幼年在泽当寺出家，曾在江浦、觉摩陇等寺学法，后从宗喀巴师徒受比丘戒。他“记忆力殊胜，如大般若、宝积、华严等各作一部笔记，能受持一百八部于心中，凡欲讲演，亦无须其经本，是大师弟子中受持经论最为第一者也。所讲之帕勤、因明、中观等法，皆以大师所传者为依据，其上首门徒，如大地之竹苇，秋夜之星宿耳。”（《宗喀巴大师传》法尊译述本第 34 页）

绛阳曲杰·扎西巴登的父亲是有名的富户，家里财产极多，被当地群众喻为“财神”（毗沙门天王）的化身，所以扎西巴登也和当地的官、商富户结交甚密，同当时的内邬宗本南噶桑颇更是挚友。1416 年，扎西巴登创建哲蚌寺时，即以其为施主，得其资助甚大。当时帕木竹巴地方政权属下的很多贵族和富商大贾也出资相助，有的拨出土地和农奴作为寺产，以便供养僧徒，有的还把他们的子弟送到哲蚌寺学经。由于哲蚌寺开始筹建就同世俗封建领主结合得相当紧密，而且得到他们的大力赞助和支持，所以哲蚌寺发展很快，至 1417 年即有寺僧 2000 余人。17 世纪中叶，五世达赖喇嘛执政，规定格鲁派寺庙常住喇嘛人数的时候，哲蚌寺定为 7700 人，到西藏和平解放前夕，实际住寺僧人多达一万余人，成为西藏地区规模最大、僧人最多的寺院集团。

1409 年，宗喀巴在拉萨大昭寺前成功地创办了“默浪钦摩”祈祷法会，说明他所推行的“宗教改革”运动当时是得人心的，他苦心创立的新教派——格鲁巴，已经得到全藏僧俗大众信奉。格鲁派势力日益强大，徒众与日俱增，哲蚌寺的兴建就是在这种背景下创立起来的，它和甘丹寺、色拉寺的创立一起构成格鲁教派发展史上一个重要的里程碑。

在哲蚌寺大兴土木之前，这里只有绛阳曲杰修法的山洞和小庙。山洞名让雄玛，位于今措钦大殿东侧地平下面，范围极其狭窄，仅能容一人坐静，内有宗喀巴和绛阳曲杰石质浅浮雕形象。小庙叫札多玛，建造也很简陋，北面藉以巨石，省去一面墙体，其室内只有一柱，房屋面积仅 10 多平方米，主供石刻文殊。小庙两旁各有白塔一座。这些宝贵遗迹现在仍然香火旺盛，信徒络绎不绝。哲蚌寺就是在这样的基础上兴建并不断扩展，形成今天规模惊人的大型建筑群体的。哲蚌寺的建筑面积约 20 多万平方米，由于是在巧妙利用坡度很大的地形逐层兴建起来的，所以远处眺望，群楼层叠，鳞次栉比，耀金映垩，雄奇壮丽，宛如一座美丽的山城。

哲蚌寺主要由措钦大殿、四大扎仓和甘丹颇章几部分组成。这几部分又有其各自附属的康村、僧舍等，形成结构严密的建筑单位。每个建筑单位内部基本上分为三个地平层次，即院落地平、经堂地平和佛殿地平，如此形成由大门到佛殿逐层升高的格局，强调和突现了佛殿的尊贵地位，设计意匠是很高明的。在大殿和经堂的外部又采用金顶、相轮、宝幢、八宝等佛教题材加以装饰，增强了佛教庄严气氛，烘托得建筑更加富丽。

措钦大殿——措钦大殿差不多位于哲蚌寺的中心，占地面积将近4500平方米。殿前有一个2000余平方米的石铺广场，登上17级宽广的石阶，便是8根主柱的明廊。大殿的经堂规模宏大，东西长50.1米，南北宽35.8米，面积约合1800平方米，总间数221，总柱数183。其中心升起一层，构成面积100多平方米的高侧天窗。经堂装饰排场，雕梁画栋，衣柱悬幢，帏幔交织，五光十色，加上后面醒目的镏金铜像，盏盏长明油灯，显得十分富丽堂皇。经堂供奉的佛像造型精美生动，特别是正中的文殊菩萨及大白伞盖像，高大而精致，佛像的背光、周围的边饰和雕像的造型均生动有力，是很少见的精美艺术创作。

大殿后部为堆松拉康，意即三世佛殿。佛殿三进三间，高达两层楼，前门顶部开有前向高侧天窗，较好地改善了室内采光，三世佛各与其随身二弟子组成一组，置身塔形佛龛中。正中乃释迦和二弟子，佛龛为三座镀金铜塔；左右两侧为过去佛和未来佛像，佛龛皆为三座银色佛塔。这种佛龛装饰是其他地方极少见到的。佛殿两侧塑以高达丈余的八大弟子形象。八大弟子神容娴雅，婀娜多姿，妩媚动人。佛殿门内两侧则分塑金刚力士和马头明王。

堆松拉康是哲蚌寺最早的拉康之一，系绛阳曲杰时期所建，其内现有的建筑和塑像带有浓厚的早期色彩。拉康原于背后和侧面筑有一周回廊，虽然早已废置不用，但直至现在大部分还保存完好。回廊北段还保留初建时期格局。堆松拉康两侧回廊出口还存有同治年御笔匾额一方，匾长 3 米、宽 1.2 米、厚 4 厘米，中心楷书“输诚向化”四字。

紧靠堆松拉康左侧是弥旺拉康，其内塑一尊高达于二楼的强巴佛像。这尊佛像是由“颇罗弥旺”出资塑造，因称米旺强巴。塑像比例匀称，刻划细腻，形象亲切感人，蕴含塑工的美好心愿。

堆松拉康的右前侧是伦崩拉康。拉康内前边两座较小白塔为伦布佛塔，后部并列三座银塔，中心为三世达赖灵塔，高 6.16 米；北侧为四世达赖灵塔，高达 5.57 米，加上 1 米高木制束腰须弥座，通高达 6.57 米；南边摄政王灵塔则显著缩小，通高 4.6 米。灵塔制作精致豪华，皆以银皮包，又嵌以珠宝珍奇，单三世、四世达赖灵塔，就用去白银 14800 两。

大殿二楼只有一个甘珠尔拉康，余为库房。甘珠尔拉康所藏《甘珠尔》经典很多，原有三部珍贵藏本，一为明朝后期云南土司木增所送的理塘版《大藏经》，一为清康熙时木刻经文，还有一部是康熙十四年（1675 年）第巴洛桑土都为达赖祝寿而用金字抄录的全部《甘珠尔》经文。

大殿西北角有一小殿，叫做强巴通真拉康，里面供巨形强巴通真铜象，据说这是强巴佛长到八岁时的形象，系乃东王应宗喀巴吩咐而造的。塑像颇带几分稚气，为佛造像中之佼佼者。强巴通真佛前供有一个法螺，据说是宗喀巴在授命绛阳曲杰修建哲蚌寺时赠送给他的法物。

强巴通真佛殿门上悬挂“穆隆元善”汉文匾额一方。匾上刻有椭圆形篆字图章一枚，文为“大清道光丙午年孟秋之印”，后边也刻两枚图章，一为“铁穆氏”三字，一为“琦善之印”四字。这块匾额是时任驻藏大臣的琦善在他任满调离西藏的道光二十六年（1846）七月刻制奉献的。强巴通真佛殿顶部的金顶特殊，为方形，尖顶式。

大殿四楼为释迦佛殿，据说佛尊是以五百两银子制成的。两旁置银塔十三座。释迦佛堂顶部建有一金顶，为歇山形式，金顶下有华丽的斗拱，是借鉴内地建筑形式的显著印迹。

措钦是全寺性的组织，措钦大殿是全寺活动中心，措钦的最高官员即赤巴堪布（又称法召）拥有很大的权力，在地方政府中也享有很高品级，可以参加地方政府的要人会议。措钦设措钦协敖二人，俗称为大铁棒喇嘛，主要管全寺僧众的纪律，审理全寺僧人、属民的重大案件，权力很大。在三大寺中，又以哲蚌寺的协敖权力最大。每年正月拉萨祈愿法会一个月的时间里，例由哲蚌寺的协敖接管拉萨的市政，维持法会秩序。

四大扎仓——扎仓既是格鲁派寺院的学经单位，也是措钦以下一级的管理机构，有的学者称为经学院。哲蚌寺建成之初，原分多门院、明惠州、广乐院、闻思州、夏郭院、调伏州和密咒院七个扎仓。由绛阳曲杰的七大弟子各主持一个扎仓的喇嘛学经。后来各地来寺的喇嘛越来越多，根据他们的学经内容和籍贯合并成现存的罗赛林、果芒、德阳和阿巴四大扎仓。其中前三个是显宗扎仓，后一个为密宗扎仓。

哲蚌寺的扎仓一般都比其他寺院要大，而罗赛林扎仓则是哲蚌寺最大的扎仓。它的建筑面积约合 1860 平方米，主要包括经堂和佛殿两部分。经堂由 102 根柱子建成，面积 1053 平方米。面阔 13 间，进深 10 间，第三排柱中间减柱 6 根，其后两排六列柱子升高一层，形成高侧天窗，故总柱数 102 根。经堂两边经架壁立，经架总长度约 60 多米，上面摆满各种各样的经典。经堂内的陈设装饰亦极豪华，几乎不亚于错钦大殿。经堂后面是强巴佛殿。佛殿并列三室，前部相通。其中室范围较大，左右宽 11 米，进深 6. 8 米，三进四间；左边一室宽 4. 7 米，进深 6. 8 米，三进两间；右室宽 5. 2 米，三进两间。佛殿后部供满了各种名目的佛尊，前面仅留狭窄的走道供香客络绎朝拜。

罗赛林扎仓的喇嘛是全寺最多的，他们主要来自四川、西康、云南和昌都等地区。扎仓的最高官员是堪布。卸任堪布有资格参加地方政府的“要人会议”。

康村是扎仓属下的学经单位和管理机构。主要是根据喇嘛原籍所在地方为单位分设的，罗赛林扎仓下面即辖有23个康村。

果芒扎仓仅次于罗赛林扎仓，也分为经堂和佛殿两部分，经堂东西长36.5米，进深27米，面积985平方米。其建筑格局、柱子排列皆与罗赛林扎仓相同，总柱数亦为102根。

经堂后部分为三个拉康，即且巴拉康、敏主拉康、卓玛拉康。这个扎仓主要接纳内蒙古、青海和那曲地区的僧人。果芒扎仓下属夯多、桑洛、贡如、白地、热扎、扎里、洽热、达会、嘎兴、伦布、松久、特布、曲桑、且巴、阿日、雄巴等十六个康村。有些大的康村下面再分设米村，米村是以更小地域范围划分的僧团组织，是寺院最基层的管理机构。果芒扎仓夯多康村下就没有9个米村，桑洛康村下设4个米村。

德阳扎仓在四大扎仓中建筑面积最小，约合952平方米，其经堂共77间，62柱，面积375平方米。经堂后部为佛殿，佛殿面阔7间，进深2间，宽16.1米，进深3.4米，前部正中辟有宽12.1米的棂格式屏门。佛殿两侧各有1.7米见方的藏室或库房一个。其左侧是面积和经堂相当的僧舍和厨房。僧舍和厨房的建筑相当随意，形状很不规则。是随着僧人的增加而不断扩建形成的格局，为寺院僧舍建筑中不拘一格的代表。

阿巴扎仓是哲蚌寺的密宗学院。按照格鲁派寺院的学经程序是先显后密。哲蚌寺规定，喇嘛要在其他扎仓学显宗教法，经过考核和选拔，然后才有资格进入阿巴扎仓修习密法。自从拉萨创建了上下居巴扎仓（密宗学院）以后，各寺喇嘛学完显宗，优秀者便可进入上下居巴扎仓修习密法了。这样，阿巴扎仓的喇嘛成员就不再是从寺内其他扎仓选来，而是各个地区的僧人都可以到这里修习密法。

阿巴扎仓位于措钦大殿的右后侧，其建筑方式较特殊：最前部是一封闭式的庭院；庭院四周是僧房；庭院后部为经堂，经堂开 9 进 7. 48 柱，面积 467 平方米。经堂四壁遍绘密宗题材壁画。

经堂后是结几拉康，开 3 进 2，面积 56 平方米，主供佛结几塑像高大狞厉，结几佛下的情状恐怖骇人。据说塑像内藏有热罗扎哇只差一个指头的全尸，颇有情趣。

阿巴扎仓是哲蚌寺最早建筑之一，据《宗喀巴大师传》：宗喀巴于 1419 年秋自甘丹寺往朵垅温泉，归途至哲蚌寺，“时哲蚌寺修密法殿建设圆满，请大师开光”。此修密法殿，即今阿巴扎仓。阿巴扎仓是在该寺 1416 年破土动工起大约三年以后方才“建设圆满”的。现在的阿巴扎仓后部的结几拉康建筑风格粗厚古朴，佛堂布局严密局促，佛堂前墙厚达 2. 5 米多，并且四周有宽 1. 5 米左右的回廊，基本保留了早期建筑的风格特征，是哲蚌寺最宝贵的建筑之一。

甘丹颇章——位于该寺前部左侧，是一个完全独立的建筑单元，颇章四周围墙高耸森严，房屋顶部则装饰豪华富丽，呈现一种城堡的建筑风格。

甘丹颇章从平面上可分为三个部分。步入前门是一范围不大的小院，小院左侧是两层数间一般办公用房，右侧有一枝干虬屈然而生机颇盛的古树，据说与颇章建筑同年。由小院拾级而上，即登临该颇章大院内。大院左右和前部是上下两层的明廊建筑和一些住房，后部即是颇章的主体大楼。主体大楼的地平高出大院约两米多，地平的处理也颇费匠心，它是在原有高低不很一致的地面上筑起一道道坚固低矮的石墙，并取齐石墙顶端，然后密集地排布一层木料，于木料上面堆放阿嘎土层构成的。主体大楼高三层，第二层是达赖处理政教事务的主要地方。二层左边一侧有一经室，其中心靠后安放五世达赖的宝座，宝座精雕细刻而成，花纹繁丽细腻，非自凡夫之手。经室内佛橱经架齐备，幢幡唐卡遍悬，气氛神秘肃穆。二世达赖根敦嘉措晚年曾应哲蚌寺全体僧众的要求，担任了哲蚌寺的第十任赤巴，任内约于1530年主持修建了甘丹颇章，并居住在里面。以后三世达赖、四世达赖、五世达赖都在这里住过。特别是五世达赖喇嘛时期，建立了强有力的地方政权，因政权设在该颇章内，被称为甘丹颇章政权，甘丹颇章遂一度成为西藏地区政治权力的中心。

哲蚌寺是拉萨市乃至全藏规模最大的寺院，其珍贵藏品的数量也是相当惊人的，兹就所及，录以备考。

——历代瓷器。寺内所藏甚多，部分作供器，多闲置。瓷器年代有早至宋代者，而以明清特别是清代为最多，种类多属压口杯、小碗之类。

——各类唐卡，数百幅，多为明清时代之物，措钦大殿悬挂四幅一组以文房四宝为内容的唐卡，清雅别致，来历值得探究。

——各种经书，数量种类均极丰富。其中有一套经折装，推封册页的朱印“大藏经”共108函，装在54个特制木箱中．被某研究单位调去，保留有样本供游人瞻仰。

——文殊铜镜，传为五世达赖时顺治皇帝赐物。镜通高1.29米，两面錾刻文殊坐像，像极优美生动，镜有华丽檀木圆雕镜座。雕刻工丽，造型精美。

——铜造像。寺内所藏可移铜像估约千数，种类亦甚多，最多的是佛、菩萨和各种祖师造像，密宗造像也占相当比例。其中明永乐年朝廷使者赍赐的鎏金铜菩萨像非常精致，且有明确年款，弥足珍贵。

——古代兵器铠甲，为数不少，确切年代多不详。措钦大殿的铠甲较完整，对物质文化史的研究提供了资料。（《拉萨文物志》仲立）

71. 措钦协俄（ཚོགས་ཆེན་ཞལ་ངོ་）——铁棒喇嘛。大寺庙中维

护僧团秩序的一种僧职名。（《藏汉》2290 页）

72. 热角扎西康萨第巴（ར་རྒྱབ་བཀྲིས་ཁང་སར་སྡེ་པ）——热角是拉萨河堤岸后面之意；扎西康萨是房名；第巴是酋长。堤岸即拉萨东面故崩塘村旁的拉萨河释迦佛堤岸。由于 8 世纪时河堤决口，对拉萨造成水灾的危险，娘尼玛维色第一次修筑河堤，此后 12 世纪时公塘喇嘛祥的弟子太医格瓦崩不仅维修了河堤，而且逝世后把遗体也葬入河堤旁的佛塔之中，故得名故崩塘佛塔。在河堤口堆有一个供神石堆称之为释迦佛堤岸。16 世纪在拉萨面临洪灾时，十三世达赖喇嘛动员色拉、哲蚌两寺的僧人，创运送堤石之例规。从此，藏历一月二十五日成为释迦佛修堤日。形成每年参加传召大法会的僧人们自觉自愿地购买十五酥油花灯架的支撑石头，去补充释迦佛堤岸的堤石，甘丹赤仁波切前去加持的规矩。这天布达拉宫侍从提前通知两名孜仲列参巴、两名雪仲列参巴和六名孜雪普通仲科集中到甘丹赤仁波切居住地，甘丹赤仁波切的拉让供酥油茶和米饭。然后，领先孜仲、司膳、司寝、持香者骑马列队前往河堤旁，入座噶厦坐垫管理员安排的面向益措湖的宝座和扶持人的坐垫，噶厦膳房供酥油茶和米饭。圆满结束隆重的加持和祈愿后，按上述骑马列队返回甘丹赤仁波切居住地。（《东噶》886 页）

“热角”ར་རྒྱབ 即负尸会（རགས་རྒྱབ་པ）：旧社会中，搬运拉萨市尸体送往葬地的劳动者组织。以其住居拉萨河堤岸背后故

名。（《藏汉》2640 页）

73. 具达哈达（དཀྱུས་བཏགས）——普通哈达。

74. 传召大法会（སྨོན་ལམ་ཆེན་མོ）——也称“大祈愿法会”。俗名传大召。公元 1409 年藏历正月，宗喀巴为了纪念释迦牟尼，在拉萨大昭寺里倡建了一次讲论佛经、发愿祈祷的宗教法会。宗喀巴死后曾中断十九年，及二世达赖根敦嘉措时始又恢复，每年举行，成为常例。至五世达赖洛桑嘉措时，开始在法会中以辩论佛经的形式从三大寺僧徒中选取头等格西。法会期间，由哲蚌寺铁棒喇嘛维持拉萨市区秩序。（《藏汉》2175 页）

过去藏历元月三日起，在拉萨大昭寺传召开始预先占座，以三大寺为主的两三万僧人聚会。举行供养如云的传召大法会的惯例是，以前本师释迦牟尼在印度的大城市“念雨”（译音）地方，公元前 511 年即藏历火龙元月一日至十五日同六位外道本师比赛神通，8 日神变正式达到了高潮，为纪念在人山人海人群中最终战胜六位外道本师的日子，在印度举行大型神变祭祀节日典礼。同一时间，藏历第七绕迥土牛年（1409）宗喀巴大师指示乃东王公扎巴坚赞和柳梧宗本朗卡桑布，由各信徒施主对大昭寺进行大规模修缮，特别是为延长按照用五金铸造的觉吾仁波切十二岁等身本师将来到龙的世界的预言，建立转向五决定报身带上第一宝头饰并供各种祭品，八日和十五日举行浩大的以金液为主会供，在外各方树起护方大经杆，供养几万名僧人的良好风气。为主要祈祷纯正的佛教，特别是在各方弘扬并永存第二文殊怙主的教证，为徒众继承佛法元气生存在无数大劫世界某时，边区和腹地的一切众生享受圆满利乐欢庆时段，不久顺利地接触到菩提藏地位，建立昼夜不断诵经风气，哲蚌、色拉两寺僧人参加惯例的传召大法会。在藏历第八绕迥土马年（1498），当时的代理行政长官四世红帽僧·却扎也协和仁布巴·罗布桑布的儿子措吉多吉两人取消哲蚌、色拉两寺僧人参加传召大法会的二十年期间，噶举巴和萨迦巴之间也发生争执，关于传召大法会以谁为主方面有了一些变化。后来，第悉·帕木竹巴的第悉·阿旺扎西扎巴正式当政后，藏历第九绕迥土虎年（1518）开始，再次恢复色拉、哲蚌两寺僧人到拉萨参加传召大法会的惯例。大概这时，二世达赖根敦嘉措每年担任传召大法会首席，规定了一些大法会的诵经调子和纪律，此后，历辈达赖喇嘛，特别是五世达赖喇嘛时期，根据颁布的传召大法会期间政教权力交给哲蚌措钦大殿两名“格贵”的条例，二十一天法会期间拉萨的法官也由两名哲蚌措钦协俄担任，在规定的市区范围内执法。政府保障僧众的糌粑、布施、茶饭等供养，还由一名四品俗官扎萨、一名孜卓尼、一名香灯师、一名朗杰扎仓的扎康涅巴（管理员）、一名拉萨涅仓秘书组成的专设机构“法会总管”分工负责，并且由四名正式僧俗拉恰在各发放布施点检查；一名布达拉宫代表孜卓尼点币员、一名拉恰秘书、一名译仓僧官工作人员，为各次法会的布施从拉恰支取；7名僧官负责发放、7名拉恰觉拉负责钱袋，各自如数发放到僧人手中，由14名夺底百姓分别在各发放布施点点数僧人，每百人加盖一印章，并且无缺漏地如数交付造册；一名孜森噶在会锅旁监督拉恰列空的茶叶、酥油、肉粥饭（类似八宝饭）用米、青稞麦片、肉、奶酪等使用情况。边区和腹地的众生根据各自的经济状况供养酥油茶或肉粥饭或发放布施，还有无数个回向礼、皈依费用，点名诵经、斋僧茶费、捐助等。斋僧茶布施分为自付和供奉基金两种；后来基金本金成为基金局利息支出管理。关于三日占位安排，以前五世达赖喇嘛时期，羌热和星热两处安排哲蚌僧人，羌热内为色拉僧人安排一排，称之为“达江仍莫”或“达吉玛”。后来，按照七世达赖喇嘛时期，要甘丹寺僧人参加传召大法会的指示，在度母佛殿前至正门内一带安排四排甘丹僧人，内八廓以东色拉后门和八廓以北安排色拉寺僧人，八廓以南和南门内安排甘丹寺僧人，二楼屋檐下三大寺（僧人），在讲经台三大寺以外“外僧伽”僧团贡嘎寺等，讲经台石板地面上僧装俗人等两千名僧人，约计两万五千名僧人位于各自的位置。在羌热内法会正格贵宣读大条例并训示法会期间僧人们遵守教规事项。占位结束后，在晚茶各清查点上对每个僧人献一条“素喜”哈达和送一个“匝底”（宝石名。入药能增益福禄）。法会期间，每天早中晚三次“湿法会”（有斋茶斋饭的经忏法会），每次两道茶、早中各一次肉粥饭，十三日早法会上糌粑事务局对每个僧人发放一个“十升斗”的糌粑；法会燃料，由两名专设“法会柴薪管理”僧官负责；雪列空主事负责盐碱；还有茶叶、酥油等必需品由拉恰局负责。在宗教活动方面，在早晚两次“湿法会”首席位置，由法会翁则按惯例带领诵经结束的间隙，甘丹赤巴仁波切亲临“干法会”（僧众不进饮食的经忏集会）法会首席位置，由各寺各位堪布、大小活佛、拉让巴格西、哲蚌四扎仓各位翁则、僧众悦耳圆满地诵完赞颂妙绘、三世者、圣者慈氏愿、轮流二始终、迎请侍浴、三聚经、密传等经后，为千古弘扬释迦牟尼佛法和众人享受幸福，三途世间变空的回向文、极乐世界祷文等，按照无比法王宗喀巴大师的主张，每天完整无损地报答恩德。藏历第十绕迥水牛年（1613）起四世班禅洛桑确吉扎巴担任六年拉萨传召大法会的首席，此间从三大寺格西名人中挑选，在祈祷大法会上立宗法相，经过上午《释量论》、中午《入中论》和《现观庄严论》、下午《律经》和《俱舍论》等五部大论的辩论，创立了对法相优良者排名等次和给予物质奖励等的制度。晚法会结束后，在羌热内白胜利幢下拉让巴格西们用一整天如同上述轮流要立宗法相。在此场合，两名考试公职喇嘛需要到场，在通天飞幕下达赖喇嘛的陪读们需要亲临。此法会上大小活佛、寺庙堪布和卸任堪布、辩经班所有学员都要参加。十二日、十三日、十四日三天新的拉让巴格西参加立宗时，在羌热场内参加的僧人拥挤不下。早法会结束后，在讲经台上层法台上的甘丹赤巴，上下层周围三大寺各位堪布、活佛、拉让巴格西、翁则，石板场地僧众等就座的法会中央辩论约两小时《释量论》。赤巴仁波切讲述释迦行道的《三十四本生传》、先贤圣人的经典各一遍时，在场的实有僧众外，石板场地内也可去聆听。起初此大法会是从元月一日至十五日，只有十五天，后来延长法会节庆，因历辈达赖喇嘛圆寂祭祀递增大法会时间的缘故，最终藏历元月四日开始、二十四日举行传召送鬼仪式、二十五日迎请强巴佛后，结束传召大法会。（《东噶》1667—1670 页）

75. 甘丹赤巴（དགའ་ལྡན་ཁྲི་པ）——继承甘丹寺中宗喀巴法座者。拉萨三大寺僧侣在传大召期间，考得有名次的格西学位，转入上密院或下密院修学密乘，充当密院掌堂师、领唱师、堪布、退位堪布、甘丹寺东院或北院法王以后，遇缺可以依次升任此职。（《藏汉》438 页）

甘丹赤巴是守持格鲁派教的主尊。祷文等的开端就有“文殊怙主佛爷代理甘丹赤钦金刚持”的书写惯例，达赖喇嘛要坐在甘丹宝座上举行仪式，大卓尼须向甘丹赤巴请准；达赖喇嘛的各大活动，要由甘丹赤巴讲述坛城，只有坐在宝座上讲述，而没有起身之规矩；在拉萨举行甘丹赤巴的活动和乘马仪仗出行时，要打伞出行。“甘丹赤巴”的称呼来源：宗喀巴修建甘丹寺后坐在宝座上，此后坐在此宝座上的历任宗喀巴佛爷代理都称“甘丹赤巴”。从宗喀巴大师到赤钦图登贡嘎，有了九十六任甘丹赤巴。在任期间，担任拉萨传召大法会和会供法会的法会首席外，主要在甘丹寺讲听显密佛法和赤妥康（宗喀巴和历任甘丹赤巴住房）寺庙庄园要为甘丹寺开支。第七绕迥土猪年（1419）宗喀巴圆寂，祭祀四十九天后，持律导师扎巴坚赞为首全体格西们祈愿噶久瓦（后藏扎什伦布寺中对格鲁派必修的五论本注已经粗通的格西）导师达玛仁钦坐在宗喀巴大师的法座亲临赤妥康，如担任全部后事的顶饰那样，噶久瓦·达玛仁钦坐在甘丹宝座上。当时，克珠格勒白桑布（宗喀巴三师弟中二大弟子之一，第三代甘丹赤巴，后被追认为第一代班禅额尔德尼）撒下赞颂之花云：“祥端功德会供主，灌顶无畏宝之座，二代佛爷代法王，愿得二代弥勒胜。”从此也有了“文殊代理佛爷”之称。甘丹赤巴不是如同其他活佛一样转世认定的，他们大部分是从普通僧人经过艰辛刻苦钻研，精通显密诸法，登上“赤巴”宝座的。“赤巴”是黄帽佛法的继承者和弘扬者。登上此地位，不在于家庭的经济条件和权力的大小，如同藏区谚语中所云：“只要好汉有功德，甘丹宝座无主人。”他们是从少年开始出家，加入三大寺任意一寺，大多数用二十年左右的时间拜开示善道者，与几百名聪慧学友一同精准而不是粗略地引用二胜六严等学术理论，不断地恭敬伺察和钻研的圆满结果，在传召大法会的三大寺学者中游说辩经立誓五部大论，获取拉让巴格西名次。立誓获取名次时，对许多学者根据五部大论上下词义编出的辩驳和提问，不违背大论的回答思路如何，经各位侍读和公职堪布考察并将智慧成绩突出者排列名次，禀报达赖喇嘛并获得政府按名次颁发的奖励后，按照各自的归属进入上密院或下密院，进行金刚乘生圆次第的实践并听闻，获得密宗院的辩经考试和立誓的第一二名后，担任四个月的密宗院格贵。几年后如能任命，担任三年翁则师和三年堪布后，再经过几年的卸任堪布，若长者卸任堪布出缺，下密院的，就任甘丹寺强孜的法王、若是上密院的，就任甘丹寺夏孜的法王，历经十四年后才能登上甘丹宝座。但是，在自己前面的赤巴或夏孜、强孜法王在位期间圆寂，不需等候上述年限。绝大部分甘丹赤巴登上宝座时年龄已经六七十了，宗教方面的知识也都是精通显密宗理论和通晓实践的学者。直至三十五任江央贡觉群培，赤巴没有任职年限规定，三十六任赤巴工布丹增列协以后，第巴藏巴规定甘丹赤巴任期为七年。甘丹颇章统治时期也保留此任期，并更加赞颂和奖赏甘丹赤巴，明文规定甘丹赤巴的待遇和职责。甘丹赤巴及夏孜、强孜法王，除了夏祀等外，平时常驻拉萨。前任赤巴届满辞职或在任期间圆寂，达赖喇嘛关于轮到新就任夏孜或强孜法王的指令，经孜噶发之甘丹赤妥康的佐巴（司库）。赤妥康的佐巴和甘丹拉基代表选择吉日前往新任赤巴处，转达达赖喇嘛的旨意并敬献曼扎三佛田，根据尽快登上宝座、长寿宏业等敦促的要求，新任赤巴决定趁吉日离开拉萨前往。由赤巴的联络员即一名普通僧官，向孜噶报告赤巴从拉萨出发和登上宝座的日期，并请求通知孜代表（达赖喇嘛的代表）和骑马随从僧俗官员后，请求孜膳房准备酥油茶和油炸果子等。按照通知由孜噶派去的孜代表一名孜卓（五品僧官）和骑马随从十名普通僧官，由噶厦派去的十名俗官，在赤巴离开拉萨时来到赤巴住处。僧官身着恰楚恰堆服，夏季头戴白帽、冬季戴噶尔卜，俗官身着王子装，赤巴来源寺庙的扎仓和康村的执事、甘丹拉基的代表、赤妥康的佐巴、甘丹寺归属扎仓康村的执事、赤巴个人的强佐和膳寝管理等盛装，执伞者执伞（膳食者和执伞者由木如寺派遣）等隆重的马队前往甘丹寺。来到拉萨东面恰僧林卡北面开阔地（如今在河坝林百货商店或查仁公司），政府布置的设帐饯行处，孜膳房敬献酥油茶和油炸果子，然后接见送行的马队随从后，他们返回各自的驻地。赤巴一行、孜的代表、联络僧官、甘丹寺执事等渡拉东显卡渡口，当晚到了德庆桑阿卡时，这里的活佛执事和僧众列队迎接致意，当晚在此地就住。次日上午出发，当晚住在藏妥谿卡，同时联络僧官和赤巴强佐持香引路，将赤巴的僧垫盖在崩波仓的宗喀巴大师的宝座上，孜代表也出席此仪式。第三天，赤巴一行马队来到崩波仓，历任赤巴敬献一个缎子包袱，孜代表、甘丹赤巴、拉基等查验包袱皮外面加盖的印章后打开包袱，赤巴亲自将里面事先备好的炒熟的优质青稞在宗喀巴大师曾磨过糌粑的小石磨上，磨成糌粑。按照依糌粑的粗细查验赤巴的寿命和事业的习俗，孜代表要将一小袋糌粑和报告一并上交至达赖喇嘛。这一仪式结束后，向石磨敬献一新包装缎子并加盖印章。赤巴一行马队前往甘丹路途中，在朗香巴塘设有的甘丹拉基设灶郊迎帐篷中，敬献酥油茶和米饭后，隆重的活佛执事马队来到甘丹寺，在僧队和大号唢呐的隆重引领下，来到寺前摊位处下马，在达赖喇嘛和甘丹赤巴各自跪拜的两个跪拜台中的赤巴跪拜台向寺庙行三跪叩礼后，引香人引路和僧人迎接下下榻归属康村。正式登上宝座之前一天，联络僧官、赤妥康管库、拉基、扎仓康村执事等引香并将赤巴的僧垫引请到宝座殿放在宝座上。第二天一大早，孜代表等查看僧垫有无从宝座上掉下或卷起等情，要报告达赖喇嘛（僧垫从宝座上掉下或卷起等情，就预示此赤巴一生的事业不能彻底）。这天，赤巴个人为措钦大殿隆重发放斋僧茶和布施，太阳升之山顶时，联络僧官、拉基、赤妥康强佐，以及活佛执事等引香和僧队接应下，来到宝座殿登上宝座。孜代表也出席仪式，措钦大殿翁则带头诵经，隆重敬献曼扎，长者堪布讲说曼扎。孜代表献“恰松”和哈达及赏赐品后，拉基献曼扎和三佛田。登座仪式结束后，来到赤巴寝宫“赤妥康”常驻于此。这天也对归属扎仓和康村发放斋茶和布施。无论夏孜或强孜的哪一法王担任赤巴后，由孜噶向上下密院长者卸任堪布宣布新法王，适当时期向达赖喇嘛敬献接命哈达后，前往甘丹寺举行登上法王宝座的仪式时，对归属夏孜或强孜扎仓发放布施。

甘丹赤巴在拉萨期间的主要活动是：16世纪下半叶第二十三任赤巴次登嘉措法王开始，形成历任赤巴每年在拉萨传召大法会出任首席的惯例。拉萨传召大法会时，上午在讲经场讲经，中午干法会时发愿回向，抛朵玛驱鬼时担当朵玛后台，迎请强巴佛时献沐浴，加固释迦佛堤岸时进行安住等。在这些活动中，甘丹措钦大殿的两位铁棒喇嘛持镀金铜制香炉（或持香），措钦大殿翁则、敬茶头人持豹皮鞭（侍卫），赤妥康司库和司药喇嘛（医生）等身着无袖上衣，哲蚌寺一名铁棒喇嘛助手在前面开道，伞盖、胜利幢、鼓乐的僧队和赤巴一行列队，在赤巴后面持伞者持伞，此年的拉让巴格西头带披穗鸡冠帽和身着佛衣紧跟后面，赤巴本人也头戴通人黄冠、脚穿黄色彩靴，抛驱鬼朵玛时帽子前面还带黑丝眉帘等。每年藏历元月十五日在讲经场讲经和干法会发愿回向等，按惯例应由达赖喇嘛主持，达赖喇嘛不在拉萨或不能出席时，由甘丹赤巴承担。甘丹僧人举行云游仪式这天赤巴等马队去拜见达赖喇嘛。平时政府的重大佛事和一些在大昭寺千供施主邀请担任首席，赤巴及夏孜和强孜法王就会出席。传召大法会结束后，18世纪兴起的“木如春季佛事”时，在木如寺讲经十几天，会供时如同传召大法会要进行的各项活动，举行额外法会和在大昭寺举行额外开光时，担任首席。藏历四月十五日在罗布林卡普陀宫孜朗杰扎仓部分僧人举行观世音仪轨地，要前往担任首席等。甘丹寺夏令安居时，在赤妥康辩经场要由赤巴讲经，夏孜和强孜各辩经场要由各自的法王讲经。赤巴从甘丹到拉萨和拉萨到甘丹等地来回时，二十名僧俗公职充当马队的随从，一直迎送到恰增林卡北面迎候帐篷处。如担任甘丹赤巴者圆寂，按惯例在甘丹寺修建一尊银质灵塔，来自色拉、哲蚌的个别赤巴灵塔除了在甘丹外，在色拉、哲蚌的归属扎仓或措钦大殿也有修建银质灵塔的。三大寺某一寺产生一名甘丹赤巴，在该寺的这一康村房顶上可树一个胜利幢；甘丹寺产生赤巴的康村们会茶会供时，可从楼顶奏乐通知。达赖喇嘛和班禅大师两位剃度出家和受比丘戒时，在任或卸任赤巴和法王要出席，有的赤巴不仅担任经师和亲教规范师，还担任过摄政。（《东噶》591—596 页）

此时的甘丹赤巴是第七十二任赤巴江白次成，出生于日喀则南木林县托杰乡。入寺于色拉寺切扎仓藏巴康村。苦修大论后入下密院，逐登喇嘛翁则、堪布、强孜法王等宝座；第十四绕迥铁虎年（1830）登上甘丹赤巴宝座，七年后圆寂。该赤巴的传记只有传说，没有文字记载。（《东噶》382 页）

76. 晚茶就位法会（དགོང་ཇའི་གྲལ་འཛིན）：举行晚茶法会，占法会期间的座位。法会在拉萨大昭寺举行。拉萨大昭寺是藏王松赞干布迎娶赤尊公主和文成公主后，吐蕃的劳动人民为主体，在公元

7世纪中叶建成，至今一千三百多年间经过维修扩建，逐渐形成现在的规模。如今大昭寺整体有三层高，加上四角的角楼共有四层，总面积约二千五百平方米，四面是汉式金屋顶，周围是镀金铜屋檐等，金光闪闪，雄伟壮丽。大昭寺以释迦牟尼佛殿为主的二十多个佛殿里，有响铜、镀金铜、泥塑等大小不等的各种塑像，上中下三层及围廊上绘有大规模各种形式的壁画。这一形式多样的建筑文化，不仅充分反映了吐蕃的劳动人民是勤劳而极富智慧的，也反映了这一建筑物是汉藏民族间自古就长期相互来往和团结合作的历史见证。

一、关于逻些大昭寺的兴建：逻些大昭寺是藏王松赞干布在藏兴建的弘扬佛教的基地。后来表明是历代藏王宗教继承的唯一世族神殿。公元8世纪，藏王赤松德赞修建桑耶寺时竖立的重教碑文中记载："藏王赤松赞时期重视逻些的白哈崇奉佛教以来，和藏王赤德祖赞父王时期在札马的噶曲建寺崇奉佛教以前"；大约在公元9世纪初，藏王赤德松赞修建噶琼寺时竖立的噶琼碑文中"神变王、祖父、赤松赞时期，崇奉佛教，兴逻些寺等业，树三佛主圣；赤都松时期，为兴业大计等，建寺树三佛主圣"；如同大昭寺志中记载的"君王赤热巴坚为修建卫强朵扎西格培寺而塑造的梵天和帝释天塑像"等详细的历史中不仅均有这样的记载，至今仍存有与历史文献完全相符的文物。还有部分朝代档案和宗教源流中有这样的记载："公主见国王，包括臣民在内三父母兴高享乐，再则国王心中拟建一所存有此偶像经典的寺庙。"国王亲口说，"藏民们要帮我建庙"，于是所有集中到各地设计建庙。松赞干布修建逻些大昭寺的目的是，此寺为基地将佛教传遍全藏。但是，后弘期以后的部分历史和宗教源流中，关于修建此大昭寺的记载有不同的说法，把比较普遍的说法概括为通俗一点，就是按照吐蕃藏王松赞干布指示禄东赞和吞米等人，要将赤尊公主和文成公主娶为妃子，经大臣们和主要七人商议决定娶二人。首先是赤尊公主带至吐蕃的嫁妆释迦不动金刚和弥勒法轮像等，再娶唐皇帝的女儿文成公主后，迎请释迦牟尼的人力车到达小昭寺外广场时，陷入泥潭之中怎么也拉不动。公主心想为什么？是什么原因？于是摆放五行算图表测算出整个藏区的形成，特别是逻些周围的地势吉凶，为平息地方凶恶，发扬自身的优势，产生填平卧塘海建寺的想法。此后，赤尊公主在松赞干布的支持下，开始兴建大昭寺，"用白山羊从彭波拉土填海"，"次年填平海的地上测量，仿照印度寺庙，奠基于中等筏船规模"；文成公主也从汉地招来很多木匠和神像塑匠，兴建小昭寺。二寺均在十二个月内圆满竣工。还有文成公主根据五行算图表测算显示，为阻止凶地在此寺的东南朝向用石凿的东方护法神像，西南朝向石狮等，与史书记载完全相同，至今还在主神殿二层外墙面。松赞干布为严守娶汉尼两王公主时的许诺，让此寺面向西，小昭寺面向东等。大昭寺中心内殿内现有释迦牟尼塑像背后的塑像周围塑有泥塑八大随佛立像，此殿右侧神殿内塑有泥塑无量光佛周围八大随佛立像；左侧神殿内扬名为赤尊公主圣缘的红响铜弥勒周围塑有救八难度母；北面内殿中央塑有泥塑十一面大悲观音菩萨，周围塑有八大随佛；南面内殿中央塑有扬名为赤尊公主圣缘的响铜不动金刚，周围塑有泥塑八大随佛；檀木门内的北侧夜叉室里五尊泥塑和南侧龙王室内三尊泥塑；替代西面内殿的中间室的门上神殿内泥塑七佛等共建八个神殿。此后，修建逻些神殿的同时兴建小昭寺，佛像一度放置于此地。然后关于搬迁，根据记载："称之为十三芒松的作为首都，得知汉军来藏的消息，十二岁等身释迦像，位于逻些铜镜门，用泥灰涂门画文殊。"松赞干布过世后，芒松芒赞一登基，汉藏之间发生事端，得知汉军邻近吐蕃的消息，文成公主（应是赤尊公主——译者）带来的南侧内殿的主供释迦不动金刚迁之小昭寺的传说最为普遍。松赞干布过世后，赞普世族统治时期也有过各种兴衰的历史。据记载："杜松芒波杰时期，也就是公元7世纪末期，在逻些举行祖祀辰祭。"说明开始了松赞逝世辰祭，此时在此庙不仅进行供奉，香灯师也有汉人和尚的记载。此后，关于赤德祖赞逝世以后，父王在洋卓巴采因骑马致死，王子未成年，祥玛祥卓巴杰毁教，在逻些白哈作工房，神身臂上挂整羊，同样在别处也"在逻些白哈作工房，屠宰兽皮着泥像，手臂挂内脏和整羊"。后来赤松德赞长大成人，修缮扩建逻些大昭寺，当时佛教传遍全藏区。赤松公子牟尼赞布在三大古寺建立四大会供时，在逻些建立律经会供。小公子赤德松赞时期：“此王恢复祖辈誓愿，立下兴建逻些长廊等业绩。”另处也记载：赤德松赞“修建噶琼多吉映的神庙，在逻些修长廊”。还有赤祖德赞期间不仅弘扬佛教，而且升两、分钱、寸等也改为印度中部的变换，给每个僧人分赠 7 户人家的记载。因此，一些大臣和年氏肉眼僧人等在拉萨东面的噶尔如米尔土、南面的噶瓦和噶瓦威、西面的禅康和禅康塔玛等作为神庙。总之，公元约 820 年左右虽显出此庙周围兴建部分神庙或僧舍，如今在东面只有徒有虚名的旧木如外，其他因早就毁坏或改建而不存在。后来，达玛秃头王时期有“班智达塔那西拉的近侍克什米尔青莲花塑造了金银四亲弥勒，此后因出现冰霜和瘟疫，故责怪信教徒不吉祥而灭教。内殿门墙上画僧人喝酒的图案，拉萨桑耶两处首当屠宰场，在外狐穴和狼穴”的记载。从此有了较大的衰败，这一时期约是公元 841 年。过去一千一百年前的吐蕃前弘期时代，普遍认为的此庙变化历史，简要记述完毕。

二、关于拉萨大昭寺扩建和较大规模维修过程。西藏后弘期开始以后，逐渐在公元 11 世纪里，阿里桑噶尔的帕巴西绕译师同堆琼果本一起对此庙进行了较大的修缮。也就是说，按照桑噶尔译师东面扩建墙外房间，里面塑造许多塑像的记载，当时修缮神庙的年代也就是藏历第一绕迥火龙年（1076）前后。此后该神庙逐渐形成称为东兴律学四众的律经四扎仓，一度成为寺庙风格。虽有“在逻些鲁墨萨热克丙措即形成东兴律学四众进行听讲，后由于巴正的内部纷乱，神庙周围的建筑因战被毁。塔波・弓巴次成宁波（1116—1169）的降生，消弭了内部纷乱，再次将长廊八廓等上所有墙壁图画等参照恢复”的记载，又有“凶狠的鬼魔纷战烧毁拉萨神变大昭寺，成为废墟无人修复，前往消弭拉萨四众纠葛，住在废墟中，多次服侍神变的围墙、转经堂、柽柳女墙、粉墙等”的记载。但是，第三绕迥火猪年(1167)已经修复的情况看，主要神庙没有遭到破坏。按照塔波・弓次修缮神庙工作结束后逻些的两个神庙交付先徒祥仁波切的记载，此神庙和小昭寺都托付给公堂喇嘛祥・尊追扎巴管理。祥喇嘛为服务拉萨神变神庙，于第三绕迥木羊年（1175）修建了蔡、火羊年（1187）修建了公堂神庙的记载，从两庙选派僧人到大昭寺和小昭寺担任香灯师等管理非常严谨。此后，祥喇嘛逝世后其传承弟子和历代蔡巴赤本长期管理该庙。元朝时期，历代蔡巴赤本人为此庙不断维修、改造、新塑神像等。也就是“祥喇嘛的近住学徒蔡本・塔玛勋努等历代人和后来禄东赞大臣后代蔡本・桑杰欧珠的后代们塑造了法王父母塑像，赠送了外门房、门卫护法、檀木门扇”。明朝洪武中期年间，宗喀巴・洛桑扎巴敦促第悉・帕木竹巴，对拉萨大昭寺进行了较大规模的修缮。也就是“第司仁波切也是让柳梧人南卡桑布和扎噶瓦等‘吉片’的宗管们办理，按照宗喀巴法王的指示，从娘色药山运来最需要的石块换了长廊和八廓的石板地，通天金刚场的十二根柱子、屋顶连接十根柱子和长廊十根柱子均让柳梧宗管人办理”的记载。完成神庙修缮工程时刻，宗喀巴于藏历第七绕迴土牛年（1409）为释迦牟尼献金冠，成为受用身装饰开始形成“释迦尊者”称呼，在东北永恒角石头阶梯上头塑造了新的宗喀巴的“像我师尊”塑像。藏历土牛年元月随着神变节召集数千僧人参加的法会，十五日晚在神殿内和八廓街摆供大量朵玛和酥油供灯。从此创立每年藏历元月集中数千或数万的拉萨传召大法会和十五酥油花灯节等习俗并逐渐发展。拉萨大昭寺大规模的修缮扩建和最多的盛装是，五世达赖喇嘛掌握西藏政权开始到第巴·桑结嘉措掌权期间的四十年里逐渐安排修筑的。起初，藏历第十一绕迴水马年（1642）五世达赖喇嘛借助于蒙古固始汗的武力打败了藏巴汗，即刻开始了不同于以往的扩建拉萨大昭寺的大羌热、外大门抱厦工程，不到三年时间，藏历第十一绕迴木鸡年（1645）竣工。《拉萨大昭寺志明镜》也是在当年编辑发行。从此扬名“拉萨拉让”，此大昭寺变成地方政府直接管辖的重要场所。此后，按照五世达赖喇嘛设计，第巴索南群培指挥工程，从大范围大量召集各类手工匠人和乌拉差役，大昭寺主殿三层进行大规模修缮，更新了楼顶东面旧金铜顶，西面原有的陶瓷屋顶、神殿、周围的屋檐等均换成了金铜顶，还有南面新建了金铜顶。这样，四面都有了配套的金铜顶；四角各修建了角楼并新立了金铜屋脊宝瓶；用金铜调整周围屋檐女墙等。主神殿的外观有了非常明显的变化，到处金碧辉煌的这样一个壮丽建筑竣工于藏历第十一绕迥火猪年（1647）。此后，藏历铁鼠年（1660）第巴·桑结嘉措将大昭寺主殿下面楼层的原有神殿间的所有空房（一段时间由拉萨各地占有）腾出来，修建甘丹神殿、观世音神殿、无量寿佛神殿、法王神殿（永恒心愿神殿）等，内塑各种泥塑像，变成神殿。藏历水兔年（1663）第巴·赤列嘉错时期新修和维修了主神殿转经路，藏历木龙年（1664）五世达赖喇嘛让人在内转经路北面墙壁上重新画写大方广佛净土、东面大般若经的前言、南面变神布局等的同时，大门内外之间新塑了四大天王泥塑像。大昭寺北面金顶虽曾由四世班禅大师洛桑曲坚维修，但因褪色，五世达赖喇嘛于藏历铁狗年（1670）让人修复与其他金顶相协调。曾经在拉萨传召大法会时，因布达拉宫朗杰扎仓没有单独的大殿，只有在坛城中心地聚会。藏历水鼠年（1672）第巴·洛桑图道在拉让归属内新建大殿；转经路外东南北三面的所有房屋也在五世达赖喇嘛圆寂后变为神殿。总之，上述这段时间内拉萨大昭寺的规模和面貌有了较大的变化，基本上形成了现在的这一形状。后来，藏历第十三绕迥水鸡年（1753）西藏地方的政教职权赠与七世达赖喇嘛格桑嘉措，任命四位噶伦。西藏地方政权机关噶厦的办公地点位于大昭寺南侧孜康列空，西侧拉让强佐、北侧检察列空等地方政府的许多机构设在此神庙的四面八方。主神殿转经路外侧东南北三面周围的壁画和三楼走廊的壁画，起初在藏历第十三绕迥水兔年（1783）八世达赖喇嘛江白嘉措时期新建的，现今仍然如此。另外，颇罗鼐、八世达赖喇嘛、十一世达赖喇嘛和十三世达赖喇嘛等各个时期对原有壁画作了一下补色和修缮，具体记载于大门抱厦左右的目录中，神庙的形状没有过大的变化。坛城中央台上的朝北弥勒法轮像是颇罗鼐于藏历第十二绕迥火龙年(1736)安排建造的,在此前面的千手千眼观世音是多仁•诺颜班智达欧珠绕丹于藏历第十三绕迥木马年（1774）内安排建造的，台下的台座金铜小弥勒是多仁•丹增班觉于藏历第十三绕迥木蛇年（1785）安排建造的，此东面的台座金铜大弥勒是八世达赖喇嘛时期的膳食堪布格列嘉措于藏历第十三绕迥土羊年（1799）安排建造的。达赖喇嘛寝宫拉让进行过几次改造和修缮，最大规模是藏历第十六绕迥铁虎年（1950）安排北侧房屋基本上从根基翻修的；观法会寝宫也是这时新建的。拉萨大昭寺新建到现在已经有很长时间，因此主神殿南面和西面的墙壁出现裂缝，木料也因蛀虫，上下到处增加了许多加固木柱。几百年前扩建的坛城中心的长柱和大门抱厦柱梁为主的部分木料严重腐朽，部分房屋有些破旧不堪，特别是“四人帮”极“左”路线非常疯狂之时，大昭寺大部分神殿严重破坏。“文革”后，在党中央的亲切关怀下，国家投入几百万经费，广大手工技师艰苦奋斗，大昭寺得以修缮和保护至如今的状态，成为我们研究西藏历史时的重要见证，也成为国内外许多游客的参观圣地。（《东噶》2201—2208页）

77. “库鲁苏空库（ཀུ་ལུ་སུ་ཀུང་ཀུ）”——不详。

78. “恰瓦叶（ཁྲ་དྲ་ཡེ）”——不详。

79. 然强巴（རབ་འབྱམས་པ）——博士。广通经义者，精通经典的人。

80. 甘丹康萨（དགའ་ལྡན་ཁང་གསར）——拉萨河下游甘丹寺管家顿珠杰布所建，此人离世于第十绕迥土龙年，见三世达赖喇嘛索南嘉措传记。（《东噶》591页）

81. 拜谒（སྦྲ་ཡེར）——在藏文中借用了汉语音。

82. 祈祷大法会（སྨོན་ལམ）——传召大法会。同74注释。

83. 雪仲（ཤོད་དྲུང）——西藏地方政府时期，摄政、司伦、噶伦的随从俗官。

84. 星热（ཤིང་ར）——大昭寺大门以南、门朝西的院子，为西藏地方政府负责供应各大机关燃料的单位。

85. 迥先生（གཅུང་སྐུ་ཞབས）——可能是十世达赖喇嘛的兄弟。

86. 日苏（རི་ཟུར）——俗官庄园名或房名。

87. 森噶（གཟིམ་འགག）——侍卫。旧时，达赖、班禅等最高统治者的内寝侍从，通常身躯高大者充当。（《藏汉》2496页）

88. 嘉黎纳雪（ལྷ་རི་ནག་ཤོད）——那曲地区嘉黎县一地名。

89. 卡索——即索达。是一种质量较差的哈达。

90. 惠大臣（ཧུའི་ཨམ་བན）——驻藏办事大臣惠显，道光七年三月至道光十年七月在任。实际于道光十一年四月卸任离职。

91. 兴大臣（ཤིང་ཨམ་བན）——驻藏办事大臣兴科。道光十年（1830年）癸卯赏驻藏帮办大臣兴科副都统衔，为办事大臣；以内阁学士隆文为帮办大臣。见《清朝治藏典章研究（上）》，363页。兴科于是年十月抵藏，接惠显任。

92. 诺们汗（ནོ་མོན་ཧན）——法王。是蒙古语，古代蒙古族官职名。（《藏汉》1529页）

93. 台吉（ཐའི་ཇི）——清政府对蒙古贵族封爵名，位次辅国公，分四等，自一等台吉至四等台吉，相当于一品官至四品官。

94. 白拉觉（དཔལ་ལྷ་ལྕོག）——拉萨大昭寺三楼的吉祥天母角楼。

95. "森穷瓦"（གཟིམ་རྒྱུང་བ）——亲兵，近卫军。古代藏王的警卫部队。近代衍变成为传大召时在拉萨广场上接受检阅的古装骑士。（《藏汉》2496–2497页）。

96. 坚斯盛装（ན་བཟའ་རྒྱན་གསེར）——四品官以上穿的黄底色盛装。

97. 吉祥天母——密乘中妙音天母化现忿怒形象的一尊女护法神。

98. 政府供祭（གཞུང་མཆོད་པ）——西藏地方政府的元宵供。

99. 帕日（བར་རི）——磨盘山：在拉萨布达拉宫西，山上有关帝庙，俗称汉人庙。（《藏汉》1822 页）

100. 拉让（བླ་བྲང）——大活佛居室。因经济力量不同，乃有大小之分。（《藏汉》1913 页）

101. 拉涅（ལྷ་གཉེར）——拉萨涅仓列空。负责供达赖喇嘛在拉萨期间宗教活动及生活用品的机构。（《藏汉》3090 页）

102. 白灰线（ས་ཐིག）——在道路两边用白灰画线，表示吉祥清洁。

103. 排列石子（རྡོ་སྤར）——表示整洁并起界限的作用。

104. 煨桑（ཞེབས་བསང）——祭祀火烟。迎接上层喇嘛活佛时亦有焚香致敬之习。（《藏汉》3036 页）

105. 引香（སྤོས་སྣ）——宗教徒持香前行开路引神的活动。（《藏汉》1669 页）

106. 三大寺（སེ་འབྲས་དགའ་གསུམ）——色拉寺、哲蚌寺、甘丹寺。

三大寺之色拉寺是我国格鲁教派六大名寺之一，正名“泰清林”，意为大乘洲，坐落在拉萨市北郊约五公里的色拉乌孜山南麓。色拉寺规模宏大，占地面积达 114，964 平方米，由措钦大殿、3 个扎仓、30 个康村组成。佛殿、僧舍密布，错落有致，道路纵横，俨然是一座宗教城市。

色拉寺创建于明永乐十七年（1419 年），创始人是著名的格鲁派大师宗喀巴的高足之一释迦也失。释迦也失 1355 年出生于拉萨东郊蔡公堂地方，自幼出家，刻苦研习佛法，后来当了宗喀巴大师的司膳，随即拜宗喀巴为师。在大师的指导下，研读大量佛学经典，学识渊博，成绩优异，成为宗喀巴的得意门生。

明永乐七年（1409）、永乐十二年（1414），明成祖先后两次遣使进藏，迎请宗喀巴进京，宗喀巴考虑格鲁派正值创教初期，自己做为教主不便离开，但为了争取中央政权对教派的支持，扩大格鲁派的影响，永乐十二年特派弟子释迦也失代表他前往南京觐见永乐帝。次年四月明成祖敕封释迦也失为“妙觉圆通慧慈普应辅国显教灌顶弘善西天佛子大国师”，并赐给印、诰。永乐十四年释迦也失辞归，明成祖不仅赐给他佛经、佛像、法丈、僧衣、绮帛和金银器，还亲自做了赞词送给他。释迦也失回到西藏后，遵照宗喀巴的意旨，1419 年主持修建了色拉寺。

建寺前，色拉寺孜山腰有宗喀巴和甲曹杰、克珠杰二弟子的修行洞三座。宗喀巴修行洞居中，面积约 6 平方米，二弟子的修行洞侍列两旁。后来二弟子为报师恩，将宗喀巴的修行洞进行了维修扩建，在修行洞建一修行殿，称之为“色拉孜日追”，意为色拉山修行院。色拉寺东北山腰上的“曲顶岗日追”也传为建寺前的建筑。

15世纪初，宗喀巴在此修行，就在这简陋狭小的静修室里，校注了许多佛经，编著了阐发教义的著作。这两座建筑都是色拉寺的重要组成部分，惜后来遭到严重破坏。

色拉寺早期建筑以麦扎仓、阿巴扎仓为中心，后经历代增修扩建，才具有现在的规模，所以平面布局上无整体规划。但色拉寺的建筑密而不挤，杂而不乱，因地制宜，主体突出，体现了格鲁派大寺的特有风格。

措钦大殿：措钦大殿不仅是全寺最大的殿堂，也是全寺宗教事务的管理中心。大殿的建筑年代较晚，建于1710年，由拉藏汗（1705—1717年执政）直接赞助建造。大殿位于色拉寺的东北部，高四层，由殿前广场、经堂和五个拉康（佛殿）组成，殿前广场遍铺片石，面积约2000平方米；经堂大门面向正南，门外为双排10柱的前廊，廊壁彩绘四大天王。经堂规模很大，方柱如林，共用长柱89根，面积近2000平方米。经堂中央以长柱升起天井，用以采光。殿堂原主供色拉寺创始人释迦也失塑像。七世达赖圆寂后又制作一尊5米高的强巴佛鎏金铜像供于东侧，此外还有宗喀巴师徒三尊、格如坚才桑布、多杰朗觉等格鲁派高僧塑像和一座尊圣塔。强巴佛鎏金铜像造型精美，坐双狮须弥座上，足踏仰莲座，两手作转法轮印，面相圆满，神态安详。

经堂后部为三座佛殿，强巴殿居中，内供措钦大殿主尊强巴佛，年代较经堂的强巴佛为早，形体也较高大，高约6米，身体在一层，头部在二层强巴面容佛殿，背光为组合圆雕的神鸟、摩羯鱼、龙女等。雕饰精细，形象生动。强巴佛像两侧彩塑八菩萨立像和两忿怒神像。靠南墙放置的高大经架上，珍藏着明成祖赠送释迦也失的永乐八年版《甘珠尔》经书，全套原为108函，现存105函。这部经书是第一部藏文印刷佛经版本，在中国版本学的研究和印刷史上占有重要的地位。强巴西侧是罗汉殿，殿内正中供释迦牟尼像，两侧为十六罗汉和四大天王塑像，均为泥塑彩绘。十六罗汉原为释迦也失从内地带来的木雕像，后以之为本，依样临塑，将木雕像置泥像腹中。塑像基本保留原来明代造像风格。强巴佛殿东侧是大威德殿（结吉拉康），主供十一面金刚牛头塑像，此外还有依怙神、白拉姆（吉祥天女）、朗色多闻天王等护法神像。殿两侧置经架经书。

措钦大殿二层两侧都是僧舍，后部正中为前述之强巴面容佛殿，强巴塑像两侧还供有贡如坚赞桑布灵塔、杰第曲吉村灵塔和一座尊圣塔。佛殿的两侧是慈悲殿，面积很小，主供千手千眼观音，以及度母、六臂金刚等铜像。

三层、四层为措钦堪布赤巴的居室，经堂和色拉寺管理机构——“喇吉”办公的场所以及达赖喇嘛来寺讲经时的居室，四层之上起一屋架，冠以歇山式金顶，屋脊上装饰宝盘、宝珠、倒幢、人身神鸟，四个翘角饰摩羯鱼首，金顶下采用内地的斗拱形式承檐，更增加了大殿的宗教气氛。

色拉寺“喇吉”是全寺的全权首脑机构，由堪布赤巴（法台）、三个扎仓的堪布（住持）、两个措钦大殿协敖（总管）、两个吉索（主管寺院庄园）、措钦翁则（领诵经）、仲译（秘书）、色康德巴（噶厦派驻官员）等十一人组成。堪布赤巴为总负责，召开定期和不定期的会议，讨论决定寺内外一切事务。

吉扎仓：是色拉寺规模最大的扎仓，面积1700平方米。仅次于措钦大殿，初建于1435年。创建人贡久洛真·仁钦森格，后藏人，年轻时拜释迦也失为师，后又从宗喀巴习显、密宗，并依宗喀巴意愿建吉扎仓，作吉扎仓第一任堪布。18世纪初，吉扎仓僧人及下属逐渐增多，集会诵经往往容纳不下，当时扎仓堪布娘东自觉伦珠在第司颇罗鼐和普布角活佛阿旺强巴资助下，扩建了扎仓。扩建后的扎仓高四层，仅经堂就有100根柱子。基本形成现在的规模。

经堂内遍挂唐卡、伞盖、帏幔，四周墙壁绘释迦传记和各种护法神像，殿内北部供有多座灵塔和造像。从东向西依次为二降神银塔，该扎仓著名格西德钦希巴兰布灵塔，该扎仓堪布、甘丹寺赤巴赤钦洛桑扎西灵塔，该扎仓著名格西扎底钦久·强白崔真灵塔，第二十八任第司赞布瓦·洛桑坚赞灵塔，达孜米旺·索南多杰象征性灵塔，该扎仓堪布、甘丹寺赤巴赤钦阿旺尼扎灵塔，第一代热振活佛灵塔，第一代扎底曲桑活佛灵塔，第二代热振活佛灵塔。在众多的灵塔之间还供奉着八世达赖喇嘛、十三世达赖喇嘛、第二代热振活佛、第九代热振活佛，以及吉扎仓一些著名高僧、活佛的造像。

经堂的西、北部有五个佛殿。三世佛殿位于西侧，殿内供奉过去、现在、未来三世佛和八菩萨像；马头金刚殿（达真拉康）内供吉扎仓创建人洛真仁钦亲塑的马头金刚像，以及依枯神、忿怒神等护法神塑像，梁柱和墙壁上还挂有许多狰狞的面具，整个布局都在强调保护佛法、镇压邪魔的意义；强巴佛殿内供强巴佛、十一面观音等塑像；宗喀巴殿，主供宗喀巴，还供有吉扎仓历代高僧塑像；妙音殿（甲央拉康）位于经堂东北角，主供妙音铜像。

二楼有两个佛殿，西侧是面容殿（协惹拉康），主供吉扎仓保护神马头金刚的面容。东侧为观音殿（坚热赛拉康）。三楼还有一个尊胜殿（朗杰拉康），所供造像现已不存。四楼中间为达赖喇嘛来寺讲经时的卧室，两侧为扎仓堪布和其他管理人员的住房。

扎仓的管理机构通常由堪布、尼参（代堪布管理具体事务）、吉索（总管）、格贵（纠察纪律）、仲译（秘书）、强崔（管财务）、翁刚（领诵经）等人员组成，每月定期召开扎仓会议，决定扎仓的各项事务。

吉扎仓下辖康村、米村 17 个，康村、米村都是扎仓以下的学经单位和管理机构，基本根据僧人原籍组织起来。

麦扎仓：是色拉寺的早期建筑，始建于 1419 年，为寺院创建释迦也失所建。据说始建殿堂毁于雷击，后于1761年由贡钦•强曲彭巴重建。麦扎仓面积1600多平方米．经堂中共有长柱8根，短柱62根，主供释迦牟尼铜像，列供于两侧的造像有未来佛、无量寿、药师佛、妙音菩萨、宗喀巴师徒三人、七世达赖、第三代策默林活佛、帕邦喀活佛等铜像．

经堂北侧有四个佛殿，最西边是护法神殿（特乌拉康），主供护法神“特乌”。特乌置身殿堂状的佛龛中，只显露出上半身，龛门雕刻飞云中舞喀（？）的一对人骨架，门两侧雕数十具骷髅。龛中的护法神环眼怒睁，巨口忿张。殿中供奉的六臂金刚、白依怙神、十三面牛头金刚、忿怒神等塑像，也都威武可怖，整个殿堂充满神秘恐怖的气氛。护法神殿东侧依次为罗汉殿（乃登拉康）、释迦牟尼殿（祖拉康）、宗喀巴殿（宗喀拉康）；二楼有太阳神殿（尼玛拉康）、甘珠尔经殿（甘珠尔拉康）。甘珠尔拉康中原藏有108部金粉书写的《甘珠尔》经和其他经典，“文革”时散失，现从他处搬来千尊度母小铜像，排置佛橱中。三楼中间为达赖卧室，两侧为扎仓“强崔”的卧室及办公场所。

阿巴扎仓：阿巴扎仓是色拉寺唯一的密宗扎仓，也是色拉寺的早期建筑之一，1419年由释迦也失创建。当时作为色拉寺的措钦大殿，1710年现措钦大殿建成后，始改为扎仓。

全寺的三个扎仓中，阿巴扎仓最小，总面积1500平方米。主体建筑高三层，由经堂和四个佛殿组成。经堂有42根柱，4根长柱，主供释迦也失塑像，这是经堂中最早的塑像。塑像两侧现供有后来添加的贡若坚村桑布、赤庆丹巴让吉、杰尊曲吉坚村、宗喀巴师徒三尊、十三世达赖等塑像。经堂四壁遍绘壁画，有释迦牟尼传记、六庄严、密集金刚、西方极乐世界等题材。经堂北侧的罗汉殿（乃登拉康）供奉释迦牟尼、十八罗汉和四大天王、马头金刚、忿怒神等塑像。罗汉殿的东侧是大威德殿（结吉拉康），主供大威德塑像。据说这尊像是释迦也失特请后藏雕塑家夏艾瓦塑的。塑像腹中放有热罗扎瓦的一个拇指，塑完后释迦也失亲自主持了开光诵经仪式。大威德像两侧现供有吉祥天女、六臂依怙神、四臂依怙神、多闻天王、白梵天王等塑像。

阿巴扎仓的二楼为僧房和无量光佛殿（温巴埋拉康），殿中供有无量光佛合金像、贡若坚村桑布包银灵塔、杰尊曲结坚村包银灵塔，还有一座拉藏汗出资修的病善逝塔。三楼主要作为达赖的卧室。

阿巴扎仓下设一定数量的康村，米村。

色拉寺除了扎仓、康村、米村以外，还有众多的下属寺院、日追（修行寺）、拉让（活佛公署）等，分布在卫藏各地。著名的热振寺、策默林、帕邦卡等都是色拉寺的下属寺院，仅在色拉寺周围就有格桑拉让、普布觉拉让、曲桑赞丹林日追、扎西曲林日追、帕隆日追、热卡则日追、达丹松布日追、觉布日追、乃部端日追、嘎日贡巴等下属寺院。

色拉寺在西藏宗教、历史、政治等方面均占有重要地位，1962年被列为自治区级重点文物保护单位。国家和自治区人民政府历年对色拉寺进行保护，维修，至今仍是广大僧侣、人民群众进行宗教活动和游览参观的圣地。

色拉寺藏有大量的文物珍品，以各类塑像、铜像、唐卡（卷轴画）、经书、法器、供器为最多。其中保存在措钦大殿的永乐八年朱版《甘珠尔》大藏经最为珍贵。这部经书原为108函，现存105函，每函护以朱漆加金线图案的木夹板，附有永乐皇帝的御制经赞，赞文中提道："念皇考皇妣生育之恩，垂绪之德，劬劳莫极，乃遣使往西土取藏经之文，刊梓印施，以资为荐扬之典，上界一切生灵，均沾无穷之福，如是功德，有不可名言。"说明这部藏经的文本是明永乐皇帝派人从西藏取回刊印的。藏经正文全系藏文，在边框外附汉文篇目名，字迹清晰，装帧精美，在我国版本学、印刷史的研究上有很高的价值。吉扎仓的冈叔康内，珍藏着一副铜钹，钹上錾刻二龙戏珠图案，并有"大明宣德五年内加金银造"款识。释迦也失在明宣德九年曾去北京朝见明宣宗，这副铜钹很可能是当时所赐。色拉寺原藏一幅珍贵的缂丝唐卡，这幅唐卡是根据释迦也失的真容，用多种色彩的丝线编织而成，虽已经五百多年，但色泽仍很鲜艳，人物形象慈和可亲，栩栩如生，在像的右上角织有汉字楷体释迦也失封号全文“万行妙明真如上胜清净般若弘照普应辅国显教至善大慈法王西天正觉如来自在大圆通佛”。唐卡现保存在自治区文管会。（《拉萨文物志》张建林）

107. 康松（ཁམས་གསུམ）——殿名，意为三界：欲界、色界和无色界。（《藏汉》227 页）

108. 差德（འཕྲལ་བདེ）——系差德列空，立付局。西藏地方政府专管达赖喇嘛临时收支物资的机构，别名孜恰，即布达拉总管处。（《藏汉》1791 页）

109. 糌粑列空（རྩམ་བཞེས་ལས་ཁུངས）——糌粑事务局。西藏地方政府事务机关。负责向大小僧团发放糌粑代金或糌粑，办理政府典礼的油炸糕点，在拉萨大祈愿法会和会供法会期间，向领取糌粑的僧众发放糌粑，向不领取糌粑的僧众发放代金。内设五品僧俗官员各一名管理，另有管家二人，任期三年。（《藏汉》2216 页）

110. 囊佐哈达（ནང་མཛོད）——内库哈达。一种质量最好的哈达。（《藏汉》1509 页）

111. 阿喜哈达（ཨ་ཤེ）——上品哈达，第二等哈达。（《藏汉》3130 页）

112. 扎什伦布（བཀྲ་ཤིས་ལྷུན）——位于前后藏四大格鲁派寺庙之一。在日喀则市郊。第八绕迥火兔年（1447）第一世达赖喇嘛根敦珠所创建，该寺的全称是“扎什伦布白吉第钦巧列囊巴杰外林”（བཀྲ་ཤིས་ལྷུན་པོ་དཔལ་གྱི་སྡེ་ཆེན་ཕྱོགས་ལས་རྣམ་པར་རྒྱལ་བའི་གླིང）。此寺是达杰巴・索朗白桑和时任日喀则宗本琼结巴・霍尔班觉桑布二位施主开始兴建的。达杰巴・索朗白桑为养寺捐献部分寺庙庄园。修建寺庙主经堂内殿的6柱子面积、殿堂的48柱子面积、坚赞吞布寝宫的24柱子面积，以及僧舍后兴建了主供伏魔佛像等无数个佛像、佛经和佛塔。日常因以五部大论听讲为主，起初只有三十多位及门弟子学者和110名僧人。根敦珠后半生僧人发展到1600名。由于及门弟子学者们担任辅导导师，开初有了三个扎仓（推桑林、吉康、夏孜），后来全视四世班禅大师洛桑却吉坚赞白桑布，依照根敦珠法王意愿新设密宗扎仓，共有4个扎仓：其一推桑林扎仓是根敦珠法王的及门弟子赤美喜念学者听讲著书发展起来的，根敦珠法王健在时有10个米参，四世班禅大师时期新增16个米参，五世班禅大师时期新增1个米参，共计27个米参。这些是：列林、德觉、伦孜、诺布噶丹、金龙、仲孜、达纳、邦宇、乃曲、乃巴（以上是根敦珠法王时期建立）；列珠、协巴、色林、宗卡、帕索、芝霍尔、阳巴、哈尔东、卓尼、色康、甲康参、催康、昌莫齐、嘉巴、荣巴、定结（以上是四世班禅大师时期建立）；塞巴米参（是五世班禅大师时期建立）。其二吉康扎仓是根敦珠法王的及门弟子白伦曲迥学者听讲发展起来的，此扎仓根敦珠法王时期有10个米参：毕图、古格、达莫、伦珠孜、达尔巴、档坚、拉卡、日卡尔、荣巴、乃宁；四世班禅大师时期新增6个米参：. 德瓦坚巴、曲布、凯卡、吾坚宗巴、洛布、多典。其三夏孜扎仓是根敦珠法王的及门弟子赤美喜念学者听讲发展起来的，此扎仓根敦珠法王时期有6个米参：拉康、乃萨、川卡布巴、帕西、夏强、赖堆；四世班禅大师时期新增10个米参：德阳、喜乃、吞巴、诺定、萨龙、洛巴、月噶、勃托、桑洛、杰钦孜。其四密宗扎仓是四世班禅大师洛桑曲吉坚赞47岁，也就是第十绕迴火龙年（1616）按照根敦珠法王的遗愿创立密宗扎仓，规定符合下密院扎仓的听讲、各项仪轨和规章，对不断降临的金刚上师们有了“阿钦（密宗大师）”称呼。其五时轮经院是六世班禅大师班丹益西白桑布于第十三绕迴铁龙年（1760）从密宗扎仓的僧人中选出16名，新建时轮修供的。当时（乾隆皇帝七十大寿、六世班禅去京都为1780年，非1760年，时间上相差20年，应是《东噶辞典》叙事有误——编注）虽有建立萨嘎舞和曲噶舞的意向，由于乾隆皇帝七十大寿庆贺，应邀前往在北京圆寂缘故拖延。九世班禅大师确吉尼玛白桑布为时轮扎仓增加25名僧人，建立了萨嘎舞和曲噶舞。关于在此寺从何时开始跳神舞之惯例，虽有不同的说法，章嘉若白多吉所著《七世达赖喇嘛格桑嘉措传》（铅字版219页）记载：闭关结束后的年末（第十二绕迴铁猴年，1740年）有大皇帝为朵玛和回遮所赐精彩的神舞服装和朗杰扎仓全体祈祷，从扎什伦布密宗院专请神舞领头，完成练习，观看神舞。当时六世班禅大师班丹益西只有三岁，在五世班禅大师洛桑益西所著《本传》中记载：六岁土猴年（1668）、十七岁土羊年（1679）、二十岁水狗年（1682）、五十一岁水蛇年（1713）全套定制各种神舞服装，包括黑帽的神舞服装和法器、8个怒像面具，康熙皇帝四公子所赠28套定制神舞服装等，收存在扎什伦布密宗院和静寺中。因此，证明此时就有了跳神舞的惯例。除此之外，该寺历辈堪布传承、佛像佛经佛塔、听讲文书、规章制度、寺庙庄园的详细历史，请看在国外的宗孜·强巴土丹学者编著的《扎什伦布白吉第钦巧列囊巴杰外林宗教源流神奇信仰钥匙》（铅字版，共730页），简要的有普布觉·阿旺强巴所著《四大寺和上下密院志》（铅字版，共164页）和扎什伦布寺历史编辑组编辑的《扎什伦布白吉第钦巧列囊巴杰外林源流明日》。（“东噶”197—199页）

113. 丁甲（སྡིང་བྱ）——一贵族家名。此处指该家族某一人。

114. 格贵（དགེ་སྐོས）——纠察僧，掌堂师。负责维持僧团清规戒律的寺庙执事。旧时大寺庙的纠察僧常随身携带铁杖到处巡视，故有呼之为铁棒喇嘛者。（《藏汉》446页）

115. 翁则（དབུ་མཛད）——领诵师，举腔师。带头出声诵经者。旧译悦众，维那。（《藏汉》1941页）

116. 班觉绕丹（དཔལ་འབྱོར་རབ་བརྟན）——位于拉萨大昭

寺西面的一院落。

117. 天命文殊大皇帝（གནམ་བསྐོས་འཇམ་དབྱངས་རྗེ་གོང་མ་བདག་པོ་ཆེན་པོ）——奉天承运大皇帝。旧时，对皇帝的敬称。（《藏汉》1538 页）此处指清宣宗（爱新觉罗·旻宁）道光皇帝（1821—1850）。

118. 卸任堪布（མཁན་ཟུར）——卸任的亲教师。

119. 索康玉卡（ཟུར་ཁང་གཡུལ་ཁ）——索康府的场地。

120. 顶戴帽（ཞྭ་མོ་ཏོག་ཅན）——用帽顶装饰物表示官阶的帽子。

121. 十五供（བཅོ་ལྔ་མཆོད་པ）——元宵供。藏历元月十五日元宵供节本身是在古印度舍卫城释迦牟尼取胜富兰那迦叶、末伽梨拘賒梨子、删阇夜毗罗胝子、阿耆多翅舍钦婆罗、迦罗鸠驮迦旃延、尼犍陀若提子等外道六师而得名变神节。这天拉萨大昭寺羌热内，三大寺活佛僧人中午举行“干法会”祈祷大法会；晚上在八廓街周围由政府、呼图克图等大活佛的各大拉让、各堪布、上下密院、各噶伦、孜雪强佐、亚谿、各大第本、拉尼等用酥油花祭祀五主供和三主供。高的有三层楼房高和低的有二层楼房高的汉式屋顶豪华小房间内，供有用酥油制作的丰富多彩的释迦牟尼佛尊、二胜六严、三师弟、供养天女、施主和尚、六种长寿、和气四瑞、金龙苍龙、花等，并在前面摆设有酥油灯和供品。达赖喇嘛坐在敞篷的轿子里，公爵噶伦、扎萨达尔罕、达喇嘛、台吉等僧俗官员按照职位随后乘马顺序排列观赏供品。达赖喇嘛和摄政没有前往的情况下，由噶厦观赏供品。为不使发生混乱拥挤，按照惯例由古装武士用绳子围住八廓街的各巷戒严。哲蚌措钦两名协俄、两名持权杖者、柴薪老和尚、二十一名铁棒喇嘛助手、二十名厨役等人前行。各位噶伦到各供品前时，由各供台敬献的哈达返还自带。噶仲长者念诵供品记录后登记等次，观赏木偶等各供品特色，转完八廓一周时古装武士解除戒严。然后，群众不仅去朝拜供品，附近乡村农民还在供品前，一群一群地演唱体现供品的锅庄歌舞，有时相持不下直到次日天亮。（《东噶》792—793页）

122. 汉印（རྒྱའི་ཐམ་ཀ）——此处可能是驻藏大臣的官印。

123. 敬茶慰问（ཇ་ཞུ་མཚམས་ཞུ）——达赖喇嘛膳房的敬茶慰问。

124. 仲科（དྲུང་འཁོར）——西藏地方政府俗官。（《藏汉》1333页）

125. 扎细清点骑手（གྲྭ་བཞིར་རྟ་པ་རྩིས་ཞིར）——旧时参加传大召送鬼仪式的蒙古古装骑士，在藏历正月二十三日，于拉萨北郊扎细附近广场上接受事前检阅的活动。（《藏汉》417页）

扎细清点骑手即扎细清点兵，系藏历元月二十三日，一大早两位元帅和当雄蒙古元帅身着蒙古库伦装、其余身着黄色四相缎（织有水纹、岩石、云彩、龙等四种图案的缎子）装，卓尼仆人和马夫身着充金丝缎或黄缎及鞋帽如旧的鲁固营盘骑手们在扎细广场按惯例清点人马兵器齐全之俗。也就是说，一大早，为从雪司令部迎请两个红黑护法神的神像矛，要去两个全副武装的蒙古元帅和两个引领元帅。两个迎请神像矛者的引领下，骑手们并列两行，按名册顺序行走，元帅主仆到。在扎细清点广场帐篷前顺时针方向转一圈后，神像矛插在东侧。帐篷后面元帅主仆和蒙古元帅下马，身挎“乌图苏”长刀，两位元帅并肩慢行，向噶伦摘帽行礼。两位元帅在噶厦位置入座于两层缎垫上，其余元帅和蒙古元帅入座在北侧后排前坐。雪列空主事仲科们献新切玛，按顺序敬完茶饭后，正元帅起身，将右翼名册摆放在首席萨旺茶几上，后撤几步后入座在垫子上。此时，左翼领队和骑手就要准备出行就绪。此刻，孜康要安排马队报叫员一名新任官员、孜康学生一名赛朗巴、一般人员三名。按惯例有马队报叫员们报叫承担骑手的户名、数目、人马、盔甲等的习俗。这位仲科报叫：右翼第一第本噶喜瓦隆重出列，二十名骑手就绪！随后，第一位孜康学生报叫：马壮、人强、马鞍新齐就绪！第二位报叫：具套蒙盔、虹纹孔雀翎眼明镜四绳和铁鳞甲等就绪！第三位报叫：锁子甲、熟皮皮裤、乌图苏宝剑新套、马矛蒙鼓等就绪！第四位报叫：弓箭囊和弓箭及常备土枪齐全就绪！就这样每每清点骑手时，须审查报告。右翼骑手审查完毕后，政府对噶厦为首的诸俗官按惯例供酥油茶和咖喱米饭。午饭后，副元帅将左翼名册如前摆放在第二噶伦的茶几上；骑手们也如前清点完毕后，孜康机关对两位元帅为首所有骑手献一条贺喜哈达的同时，他们也行礼。午饭期间，元帅主仆和两位蒙古元帅，为明日的驱鬼朵玛日大昭寺唐柳石板上叩拜后如何返回进行演习，面向布达拉宫叩拜。清点仪式结束后，路经小大昭寺前和吉崩岗，返回到鲁固营地。这天拉萨人和拉萨周围人盛装并带着食品前往观看的人很多。（《东噶》558—559 页）

126. 康昂东（མཁར་སྣ་གདོང）——此处的“康”为布达拉宫，“昂东”为山嘴，指布达拉宫的东山嘴。

127. 哲林玉卡（འབྲས་གླིང་གཡུལ་ཁ）——以前位于布达拉宫前面东侧。

128. 陈大老爷（ཏྲིན་ཏཱ་ལོ་ཡེ）——何人不详。

129. “亚索（ཡར་གསོལ་ལམ་ཡ་སོར）”——汉语“元帅”借音。旧时，拉萨传大召的送鬼仪式中的装扮古装蒙古骑兵元帅。（《藏汉》2545 页）

130. 大祭（གཟབ་གསོལ）”——隆重的祭神活动。（《藏汉》2489 页）

131. 驱鬼朵玛（གཏོར་རྒྱབ）——传大召送鬼。藏历元月二十四日举行传召送鬼活动。这天如达赖喇嘛出席传召大法会，卓尼、森噶两位在大昭寺三面朝阳房的宝座上请来达赖喇嘛衣物后，措钦格贵等人盛装漫步走入石板场地叩拜行礼坐在木凳上，古装骑士挥舞弓箭、长枪等进行表演。此后，传召亚索（元帅）主仆漫步进入石板场地叩拜行礼，路经拉让宁巴门口，带领各自的骑士右转八廓街接受检阅。送鬼活动有两部分：一是朗杰扎仓从大昭寺羌热出发，一是哲蚌阿巴扎仓从讲经场出发，两路僧队集中到“鲁固”大坝扔“朵玛”送鬼。在此地设有两个“朵玛草堆”，背后由措钦格贵和开道孜仲引路，请来甘丹赤巴仁波切、夏孜和强孜扎仓的“法王”、当年的16名拉让巴格西。此后在措钦格贵副手和乃琼第巴引路以及队伍的开道下，乃琼战神王盛装王服戴帽，胸前镶有黄金和松耳石的明镜，着金丝缎内衣和上衣前往并由乃琼扎仓的僧人陪同。古装骑士左右列队放响九次藏式土枪。此后，亚索主仆和两名红黑护卫引请神像矛；蒙古亚索一行分两路，右路随正亚索在送鬼场向左围转，左路随副亚索向右围转的同时，挥舞兵器，喊声四起，马蹄声声，粉碎佛敌之气势凶猛。对着拉萨河对面恰夹噶布山顶搭起的牛毛帐篷，放古式土炮，乃琼曲迥也对着朵玛草堆射箭等。整个活动结束之时，活动主持向神像矛敬献哈达送回军营司令部。炮声停止以后，在拉让驻地就餐。布达拉宫译仓大喇嘛秘书长宣读新考格西名次。每年的格西名次只有1—7名，其他9名只有拉让巴格西名称外，没有名次。对第一名拉让巴格西，奖励优质的一套衣服、僧衣、帽子、夏苏玛鞋（连底僧靴）、6块砖茶，一丈长的阿喜哈达，50两藏银等；对第七名奖励僧衣、次质袈裟、帽子、

鞋、1块砖茶、1条阿喜哈达、15两藏银等；其他格西只有阿喜哈达。（《东噶》1670—1672页）

132. 小昭寺（ར་མོ་ཆེ）——在拉萨市内。公元7世纪50年代松赞干布时文成公主所倡建。坐西向东，史载其建筑形式原与内地汉式寺庙相同，后来几经火灾，依藏式培修，本来面目已不可见。寺中正殿供有赤尊公主从尼泊尔带来释迦牟尼的八岁时身量合金像，名为“不动佛”。此寺后为上密院喇嘛聚会诵经之地。（《藏汉》2637页）

小昭寺位于大昭寺的北面。起初公元7世纪中叶铁牛年（641）唐朝文成公主进藏时，作为嫁妆的释迦牟尼的十二岁等身像，在人力车上迎请到西藏。公主一行到达逻些北面小昭寺外广场时，车子陷入泥潭之中，由于大力士怎么拉也拉不动，佛像四周树立柱子，用白绸围住，敬献供品。然后，经五行算图表测算发现小昭寺为龙宫，此地供奉释迦牟尼，就能降伏龙王。故此，从内地叫来许多能工巧匠，为小昭寺奠基，时过一年与大昭寺一同竣工。此殿的门也朝向内地东方。后来，松赞干布王逝世后，按照文成公主的吩咐，逻些大昭寺和小昭寺释迦牟尼佛像换了位，将赤尊公主圣缘不动金刚佛像作为此殿的主供佛。第三世达赖喇嘛索南嘉措及门弟子卡尔那译师所著《第三世达赖喇嘛索南嘉措传记》中记载：吉雪第巴·顿珠杰布兴建甘丹康萨后为开光迎请此佛像，甘丹康萨前面有拉萨市，后面有草地和小昭寺。西藏割据时期，巴策译师及其及门弟子们长期居住小昭寺，巴策译师为小昭寺把《入中论》和《入中论注释》从古印度文译成藏文。宗喀巴大师的根本上师四无敌之一洛扎堪钦•囊喀坚赞来到此地时，因在视觉中始终把刺树变为西南怙主赤谷玛布的形象，把刺树作为内藏塑造了怙主佛像，如今称之为“贡布色东玛（刺树怙主）”。藏历第八饶迥木马年（1474）吉尊•贡嘎顿珠在卫堆强巴林首次建造上密院后，下半生因拉萨地区拉萨河发大水危及拉萨之时，吉雪第巴为防止洪水，迎请以吉尊•贡嘎顿珠为主的上密院所有僧人进行法事，经虔心念经祈愿后，第二天洪水下降了，免除了拉萨一次大水灾。为感谢之情，将小昭寺和内藏三佛田永远献给上密院的经堂。从此至今上密院的主要居住地为小昭寺。然后，藏历第九饶迥土狗年（1538）柳梧•班觉杰布大仲译前后两个明妃中，前一个达孜维卡的女儿阿旺杰姆，因分居在朵底洛威豁卡，得名本萨洛威玛。她在小昭寺请来色拉寺僧人，举行早法会药师佛和晚法会（与拉萨传召大法会相同）的定期法会，被称之为小昭寺法会。17世纪初，觉囊•多罗那他来到时，将小昭寺位于逻些市外的情况记录在他自己所著的自传里；第三世达赖喇嘛在拉萨时，一次吉雪总管顿珠杰布把他请到甘丹康萨时，发现甘丹康萨位于拉萨市外，于是将此情况记录在他的自传里。该寺的有关三佛田和壁画，五世达赖喇嘛所著《拉萨变化大昭寺志》和十三世达赖喇嘛所著《汉建小昭寺庙堂和庙神维修志》中记载，该小昭寺主供尼泊尔公主圣缘释迦牟尼佛像不动金刚，其右侧是宗喀巴大师亲自开光的塑像，释迦牟尼佛像怀中有尼泊尔公主的圣缘檀香度母，周围八大菩萨；门旁左右忿怒金刚手大势至和持杖论师；门外侧四大天王，安放夏热儿子和墨盖儿子的两个灵塔；总体壁画中有贤劫千佛和十二宏化，以及香拔拉佛土庄严；外转道门内旁画有犹如桑耶壁画的阿毗达磨俱舍论，画有白度母、无量寿佛和尊胜佛母各一千；在二层药师佛经堂，为上述本萨洛威玛塑有药师佛八如来、松赞干布、文成公主、尼泊尔公主等像。起初药师佛经堂虽有金顶，第巴桑结嘉措药师佛经堂上面再加一层提高金顶，金顶下面经堂里塑有十六尊佛居士弥勒和四大天王像。此经堂是历届喇嘛翁则担任期间的固定住所。门旁的护法神殿里供有刺树护法泥塑像，其右侧壁画中有松石度母画像，大门内侧旁号称文成公主栽的一棵柳树。殿门抱厦二层向阳窗和寝宫套间北侧的工作室、库房和堪布寝宫是十三世达赖喇嘛大修缮此小昭寺时修建的。上层的向阳窗、寝宫套间、殿门抱厦和服务室是西藏和平解放后，上密院米亚·群培、普康·吴冲、安多·丹增等担任强佐期间新建的。小昭寺门向东方，当初文成公主从内地招来许多能工巧匠修建小昭寺时，小昭寺的总体是汉式结构，层层楼房，金碧辉煌、璀璨夺目。但是一千年来，在历经多次社会变革中受到破坏，后来，按藏式风格重新修建。现存的大堂面积达 2100 平方米；底层由大堂和经堂组成，外面周围有两个转经路，外层转经路设有转经轮。体现古朴的藏式建筑风格是十三世达赖喇嘛时期修缮的。后来，在“文化大革命”运动中小昭寺遭到严重破坏，释迦牟尼不动金刚佛像也一度险些消失，“文革”后（80 年代）在党和政府关心重视下，从内地找到佛像上身并迎请到西藏，举行隆重僧队迎请仪式，仍供于小昭寺。（《东噶》1907—1909 页）

133. 苏穷（ཟུར་འཁྱོང་）——三面均开有朝阳窗户的楼房。（《藏汉》2467 页）在大昭寺南面讲经场西侧二楼。

134. 美吉（མེ་སྐྱིད་）——如今位于多森格路的西藏群众艺术馆西面的军区第二招待所地段，早先称之为“美朵吉采”的有树林和花园之地是第本噶喜瓦或多仁的归属地，与位于八廓西面多仁住房南侧的驻藏大臣卫队住地互换后，在鲁固兴建驻藏大臣衙门，称之为“美吉衙门”。

135. 迎请强巴佛（བྱམས་པ་གདན་འདྲེན་）——旧俗藏历正月二十五日，为迎接弥勒佛化度众生时代的迅速到来，将大昭寺内银质弥勒佛像抬出环行拉萨八廓街接受信徒朝拜的宗教活动。（《藏汉》1878 页）

有说，结束释迦牟尼佛法后，为避免产生人寿十岁，祝福迅速产生强巴佛法。过去藏历元月二十五日早晨天刚刚亮，请拉萨大昭寺南殿主尊强巴佛于大车上，前面支伞、左右支起胜利幢和香粉荷包，羌热门前由 8 名比丘献沐浴，由木如和喜德僧众手持各种供物，前面引路绕转八廓街。这一活动是宗喀巴大师开创的。强巴佛引请到讲经场时，乃琼曲迥从木如宁巴路经大昭寺羌热来到南门敬献哈达，同时拉恰列空也敬茶献哈达，拉萨僧俗市民也纷纷敬献哈达。（《东噶》1501—1502 页）

136. 赛马赛跑摔跤抱石（རྟ་རྒྱུག་མི་རྒྱུག སྦྲེ་ག་རྡོ་འཁྱོགས）——旧时，藏历正月二十五日，拉萨市内举行远距离径赛和马赛的竞技活动。（《藏汉》1057 页）强巴佛请到萨波岗时，从鲁固、雪、磨盘山等三地先后放三次炮。放响第三次炮时，从潭巴（哲蚌寺前）路口由久仍四品总管、坐骑钦莫执事、久玛协俄等三人一齐放行参赛的所有公私马匹，从哲蚌寺前路东山嘴齐放长跑人员，从帕玛日放行人马一起的中跑者。以上三者路经布达拉宫前面至讲经场。此时，达赖喇嘛来到讲经场二楼两面朝阳房同政府官员一起观看赛马赛跑。中跑者来到此地时，从马上行礼并进行一些马术表演。此时，在巧热嘉处来到发名次牌的一名扎萨或台吉、执事、坐骑钦莫、噶厦代表等人，对骑士按先后发名次牌；对赛跑者在拉让宁巴门前发名次牌，代表们报告赛马和赛跑的名次。当批复下达之时，噶厦代表噶仲和发放奖品和哈达的拉恰主仆，在桑珠颇章公馆前面格桑经幡旁边的高台上面向布达拉宫先宣读马匹名次、后宣读赛跑者名次；拉恰按惯例发放表彰的哈达各种衣物，以及 6 块砖茶等。他们向右绕转格桑经幡后返回各自的归属。久仍总管向布达拉宫侍卫处报告活动取得圆满的情况，取得咒结后为表达感谢之情进行叩拜。当骑士们还没有返回之际，在两面朝阳房下，从左翼和右翼古装武士中选拔的两名大力士光着膀子进行摔跤赛，还有些大力士抱着 160 多斤重的石头绕转格桑经幡两圈。拉恰列空对赛马第一名奖一条阿喜哈达、一件九种颜色两方半缎子衣服、六块砖茶、一匹好马；对第二名奖一条素喜哈达、一件七种颜色衣服、三块砖茶、一匹中等马；对第三名奖一件五种颜色衣服、两块砖茶、一匹普通马；对第四名到第十五名奖一件三种颜色衣服、一块砖茶；对第十六名到第二十五名奖三种物品；对第二十六名以后奖一条素喜哈达。对赛跑人的奖品同上。对中跑者第一名奖五种物品和六块砖茶；对第二名奖三种物品和三块砖茶；对第三名奖两种物品和两块砖茶；对其余奖一条哈达。对右翼和左翼古装武士的摔跤比赛、力量比赛、抱石比赛者，每人一条哈达；对胜者奖三两藏银。

上午的仪式结束后，哲蚌措钦协俄及执事前往拉萨拉让侍卫处报告起程后立即返回哲蚌寺，传召大法会的执事们当天必须结束全部工作，决不允许留到第二天。也就从这天起结束了传召大法会。（《东噶》1501—1502 页）

137. 寨康第巴（བཀྲས་ཁང་སྡེ་པ）——寨康府的首领。

138. 寨北跑马（རྫོང་རྒྱབ་ཆིབས་རྒྱུག）——西藏地方政府时期，藏

历元月二十六日传召大法会结束后，在布达拉山后的拉鲁村举行赛马节日活动。这天，噶厦管帐篷者在赛马场地前面搭起噶厦帐篷，旁边是各普通列参巴，此后朝北是拉恰座位，朝西是来宾帐篷。管坐垫者布置各坐垫，雪列空的主事人筹备竹素切玛和酒新及射箭射击的靶子。噶伦和扎萨台吉穿蒙古黄色彩缎装，赛朗巴、各大列参巴、大卓尼、秘书长和噶厦办事等人佩戴顶帽和穿蓝底装饰服装，会计、草粮和军官等人佩带紫色，普通仲科们新衣平装，出席观看活动。元帅主仆们前来致敬，各自入座，喝茶吃饭、献新竹素切玛后，正元帅起身把右翼名册打开在在各位噶伦的茶几上，一名雪朗生在首席噶伦眼下摘帽跪地聆听骑手名单后，像扎细点兵一样传令；右翼第一噶喜瓦的赛马领队拉起弓箭率先奔跑，其余骑手射箭射击。两名军官登记射箭射击的命中率，骑手们列队前往，首席代本宣读命中率，拉让强佐献哈达：对射箭射击命中率高的献两次哈达，骑手们向前迈三步跪下一腿作揖，后退三步后骑马发出“叽叽么”喝声，返回自己的营地。其他归属的骑手也如同前述。右翼赛马结束后正元帅取回名册结束活动。进入噶厦帐篷敬茶饭，由拉让强佐对各位噶伦摆汉式宴席，对大卓尼、秘书长、扎萨、台吉、普通仲科以上设火锅，摆干果。下午左翼射箭射击跑马时，副元帅摆开名册开始如同上午，射箭射击跑马结束后，其余十元帅按惯例拉起弓箭奔跑。下午元帅主仆和蒙古装元帅的宴席结束后各

自回府。这天很多群众带着各种食品，来观看精彩的马术比赛娱乐消遣。（《东噶》1773 至 1774 页）

139. 朗生仆人（གཡོག་ནང་བཟན）——在西藏三大领主家中仅得口粮，为领主终身服役的奴隶。（《藏汉》1510 页）

140. 雪朗玛（ཞོལ་ནང）——西藏地方政府时期，总管布达拉宫财物及拉萨郊区政法而设立的一个事务机构。

141. 图齐（ཐུབ་ཅི）——不详。可能是满语或蒙古语。

142. “求雄果巴”（རྫུ་གཞུང་འགོ་པ）——似是达木蒙古一职位名。

143. 四定（བཞི་སྡིང）——四部落或四村寨。

144. 后藏（གཙང）——分西藏为前藏、后藏两部分，年楚河流域江孜以上地区为后藏。（《藏汉》2189 页）

145. 羌热衙门（ཁྲམས་ར་ཡ་མོན）——在羌热的驻藏大臣衙门。

146. 堆谿堆孜仲（དོལ་གཞིས་སྡོད་རྩེ་དྲུང）——“堆”为西藏山南“洛扎”县旧名。常驻庄园为领主办事的僧官。

147. 扎其谿堆（གྲ་ཕྱི་གཞིས་སྡོད）常驻西藏山南“扎其”庄园的领主代理人。

148. 羌姆舞者（འཆམ་པ）——宗教舞蹈者。（《藏汉》860 页）

149. 阿典庙（ཨ་ལྡན་ལྷ་ཁང）——早先拉萨一神庙名。

150. 龙王潭（ཀླུ་ཁང）——宫后龙王潭。在布达拉宫后下，也就是四周树木、类似湖水的中间建有面积较小的小宫殿。据传，六世达赖喇嘛从墨竹工卡迎请墨竹猫睛石龙王在内的八大龙王，故名龙王潭。当时此龙王潭的水中宫殿式是按照六世达赖喇嘛指示修建的。这里的水就更早，五世达赖喇嘛时期，修建布达拉宫白宫和后来第巴桑结嘉措修建红宫时，因建筑之需，从现在的龙王潭挖了大量的土，形成了较大规模的坑洼水潭。此龙王潭的形状不完全是正方形的，像密宗中所说龙的坛城一样，多角点缀而四周树木围绕。此龙王潭东西长 610 米、南北宽 205 米，中间水潭东西长 270 米、南北宽 112 米，水中小宫殿为椭圆形，周边有 42 米长。水中宫殿是符合密宗所说的龙王坛城形状，三层楼房：一层为十字形，中间有四柱面积的一小佛殿并具有转经道；二层和三层为方形，有 3700 多平方米，内各有四柱面积的佛殿并具有转经道。三层平台六角形上装有金顶和屋脊宝瓶。佛殿内外均有雕刻，特别在壁画上画有莲花生大师降伏傲者和白玛文巴的故事等价值非凡的建筑艺术。通过水中宫殿南面的长 24. 67 米、宽 3. 5 米的五眼弓形桥，观看四周水潭树木美景，颇有令人向往的游赏之感。在该龙王潭，每年萨嘎达瓦十五日，群众以喜悦的心情坐船转经和歌舞祭祀。第十三饶迥铁猪年（1791），八世达赖喇嘛江白嘉措不仅修缮该龙王潭，还在龙王潭西南角十多米处，为廓尔喀投降后，献给达赖喇嘛的四头大象专门修建大象房，取名为“平措热瓦”，作为墨竹猫睛石龙王的观赏，并任命养象者和护林者。多年后道路和树林等都有了损坏，十三世达赖喇嘛时期又进行了修缮。西藏和平解放后，人民政府高度重视名胜古迹，龙王潭也受到保护。第十六饶迥火羊年（1965）随着市政规划，原在布达拉宫前面所竖立的《御制平定西藏碑》和《御制十全纪碑》，移至龙王潭公园大门内侧。铁猴年（1980）人民政府拨专款进行了较大规模的修缮，后来木鼠年（1984）开始政府又对龙王潭进行大规模修缮，成为现代景象的大型公园。（《东噶》113—115 页）

151. 冲康庙（ཁྲོམ་ཁང）：早先在冲赛康的神庙。

152. 仁宗（རིན་རྫོང）——这里是指常驻仁布县的领主代理人。

153. 肖多谿堆（ཤོ་མདོ་གཞིས་སྡོད）——常驻隆子雪巴朵的领主代理人。

154. 查噶尔囊巴（བྲག་དཀར་ནང་པ）——依后文此人被任命为吉隆宗堆。

155. 吉隆（སྐྱིད་གྲོང）——县名。在西藏西南部，该县南面与尼泊尔接壤。（《藏汉》147 页）

156. 草料官（རྩྭ་གཉེར）——西藏地方政府所属机构之一草料管理局的管理者，其任务是为地方政府的马匹供应草料。（《藏汉》2236 页）

157. 穷结（འཕྱོངས་རྒྱས）——县名。在西藏南部雅拉香波曲（河）西面，雅鲁藏布江南面。（《藏汉》1790 页）现改为琼结。

158. 洛扎(ལྷོ་བྲག)——县名。元代译作多注、多宗、多注宗。在西藏南部羊卓雍湖之南。(《藏汉》3110 页)

159. 阎王(གཤིན་རྗེ)——梵音译作阎曼罗杂。佛教中传为一切死人的统治者。

160. 索协(བསོད་ཞེར)——次等的索达哈达。

161. 转经(ཞབས་སྐོར)——朝圣巡礼通道。

162. 人王(མ་དབང་མི་རྗེ)——西藏地方政府时期对噶伦的敬称。(《藏汉》2902 页)

163. 占吉日(སྐར་འཛིན)——旧时藏俗须于某日举办某事,而是日恰逢凶日者,而提前择一吉日,预作举办状,以破除不祥。(《藏汉》116 页)

164. 协噶(ཤེལ་དཀར)——驻日喀则地区定日县治所在地名。(《藏汉》2859 页)

165. 巴卓(སྤ་གྲོ)——不丹一地名。

166. 隆大臣(ལུང་ཨམ་བན)——帮办大臣隆文。“道光十年(1830)癸卯赏驻藏帮办大臣兴科副都统衔,为办事大臣;以内阁学士隆文为帮办大臣。”(《清朝治藏典章研究》上 363 页)隆文于道光十一年(1831)四月抵藏。

167. 帕邦喀(ཕ་བོང་ཁ)——拉萨色拉寺西山腰间一古庙名。公元 7 世纪初,吐蕃赞普松赞干布在拉萨平原西北山坡上所建小屋

名。屋在一块大石顶上，因而得名。（《藏汉》1696页）

帕邦喀又称普隆喀，意为巨石宫，坐落在拉萨市北郊约八公里的乌都日（宝伞山）南面山坡的一块巨大山石上。巨石突兀雄奇，状如巨大的伏龟，帕邦喀主体建筑则似一座巍然的史碑矗立龟背之上，构成这座千年古寺特有的风姿。

帕邦喀巨石高出地面近20米，顶部面积300平方米左右。四周是崖面，北岸筑有石阶供人们登临。帕邦喀建筑大门北向，建筑平面南侧呈半圆形，北部为方形。“文革”时帕邦喀被拆毁，唯底层墙体尚存留。底层共分为九间，大小形状各异。据调查，原来二三层设有尼玛拉康、贡康等殿堂，供布都瓦·仁钦赛亲塑的释迦牟尼像、噶当派僧人塑的十六罗汉像，以及马头明王塑像、因顿活佛铜像和一些灵塔。

巨石两侧下部凹入，形成石洞，外侧略加石墙、门窗，是为“策久拉康”，里面石壁上有传为自显的护法神白拉姆浮雕像。拉康原有莲花生、赤松德赞、堪钦菩提萨埵塑像和松赞干布宝座，现已不存。八角莲石灯台一座以及一些经书的刻板尚存，有重要的研究价值。

巨石南面坡下坐落着的“日松贡布”（怙主三尊殿），亦是帕邦喀的重要组成部分。历史上几经破坏，原物多毁，1980年群众自筹资金重修，塑像、壁画均为近年新作。但历史悠久的怙主三尊浮雕像和吞米桑布扎最早书写的六字真言刻石幸存了下来。六字真言刻石现嵌于门廊外的石壁内，长 1.22 米、宽 0.66 米，六个藏文大字为减地浮雕阳文．怙主三尊浮雕像即传为松赞干布时自显的怙主三尊，后经尼泊尔工匠雕刻而成。这三尊雕像与现流行的造像风格相去较远。观音像头戴宝冠，高髻，髻顶一释迦头像，四臂，两臂合掌胸前、两臂置于左右，上身裸，披帛由两肩搭下；文殊像与观音略同，唯两臂交胸前持单茎莲花。金刚较奇特，高髻，两蛇交缠额上；三目怒睁，獠牙横呲，几乎全裸，披帛由肩搭下，遮于腹前，左臂高举金刚杵，右臂置胸前。三尊像雕刻较粗糙，又新近覆了颜色，一些细节已看不清，但从表现出来的风格可以基本确认是早期作品。

巨石北侧坡上有一废墟，传为文成公主住宅。原为两层，底层分 4 间，门向东，从墙体砌筑方法来看，是近代重修的。巨石的东侧还有两处废墟，一处原为供养宗喀巴应身塑像的宗喀拉康，一处为喀托拉康。此外巨石周围的山坡上还散布着传为松赞干布、赤尊公主、文成公主、龙树大师等人曾经修行过的岩洞。

帕邦喀最初为松赞干布主持建造，藏文文献多有记载。据《西藏王臣记》载：赤尊公主想在逻些修建大昭寺，便去请教精晓中原星算风水术的文成公主，文成公主算出西藏地形如魔女仰卧，有诸恶风水，为了镇压这些恶劣风水，“松赞干布同两妃三人来到吉学地区梁正村的帕邦喀修法，他们修到发现有灵感的象征后，随即作了那镇压罗刹魔女的肢体和其他魔怪肢节的事项”。但因未能按照文成公主事先所推算的那些解术来进行，大昭寺基础建起后又被鬼神摧毁，松赞干布重新阅读了文成公主所作的推算，“心中大喜，也就在吉学梁正地方名帕邦喀的磐石上用红炉铁水灌凝大砖，建筑起九层高的碉堡，四面都用铁链紧拴使其牢固，然后修法禳灾。修到第七天时，感得怙主三尊从空中降临，说道：‘藏王你所发的宏愿当获成就，我是你的一切宏愿将不难获得成功的作证者。’这样说后，怙主三尊也就融入岩中去了，在岩石上自然地现出了怙主三尊形象。后由尼泊尔雕工照那自然现出的怙主三尊的神采雕刻出来的像，至今还依然存在而为众目所共睹。”

传说松赞干布的重臣吞米桑布扎从印度学习文字和声明诸学回到西藏，也来到帕邦喀，闭门钻研三年，依照梵文、乌尔多文，总合藏语声韵创造出藏文，首先向松赞干布和众大臣们教习。接着，松赞干布宣布吞米桑布扎创造的藏文为吐蕃王朝的统一文字。后来赤松德赞和莲花生，桑耶寺法师堪钦菩提萨埵来帕邦喀朝圣，曾在巨石下的洞里修行十天，石洞因此得名“策久拉康”（十日殿）。

公元 841 年，吐蕃赞普朗达玛毁佛灭法，焚烧了帕邦喀，拆毁了松赞干布时所建的 108 座佛塔和所有建筑。民间传说当时，“策久拉康”的护法神白拉姆感到震怒，传言给拉龙贝吉多吉说：“杀恶王的时机已到。”拉龙遵护法神之意，乘朗达玛在大昭寺前观看会盟时，用箭射杀了恶王。

帕邦喀历史上也曾经过数次修复，其中规模大者史载有两次。

11 世纪末叶，噶当派僧人博多瓦·仁钦赛和弟子扎嘎来帕邦喀朝圣，看到一片废墟，非常痛心，便命弟子修复帕邦喀. 扎嘎遵从师命，先在“策久拉康”洞内修行数月，然后召集僧人，在原巨石宫九层数的废墟上修建了两层殿堂，在这里修持的僧人达 200 多人。此后，噶当派僧人陆续恢复了原有的 108 座佛塔，雕刻了佛像，建立了拉康。

五世达赖喇嘛执掌西藏政教大权后，进一步对帕邦喀进行了维修，扩建，在二层殿堂上又加盖了一层。以后历代达赖喇嘛转世后都必须到此礼佛、受戒，获得格西学位后也都要来这里举行庆贺仪式。帕邦喀也一直得到西藏地方政府的资助，并由政府任命堪布。

帕邦喀具有悠久的历史和许多神奇的传说，至今被人们视为圣地，虽历经沧桑，但吞米桑布扎亲书六字真言和怙主三尊自显像等圣迹犹在，香火不衰。现在重修的日松贡布（怙主三尊殿）已经落成，巨石宫帕邦喀重修工程也正在进行，可望在近年使这座古寺一展新容，重放异彩。（《拉萨文物志》张建林）

168. 会供法会（ཚོགས་མཆོད）——俗名传小召。西藏地方政府时期，藏历二月十八日开始用 12 天的时间，在拉萨大昭寺如同传召大法会样集中僧众诵经，举行大规模祭祀活动。这一活动是第十二饶迥木狗年（1694）第巴桑结嘉措为五世达赖喇嘛圆寂创立的祭祀活动。当初藏历二月二十三日晚茶定位开始起只有 7 天，后来每一代达赖逝世，即延长周年祭法会一日，增加到 12 天。此间，在拉萨大昭寺集中三大寺一万左右僧人诵经祭祀，官方供茶及发放布施外，有资产者也捐助布施。哲蚌措钦协俄掌管拉萨权力基本相似于传召大法会，但是没有像传召大法会那样多的僧众和捐资敬仰者。正式圆寂祭祀日二十五日那天，对僧众增加布施，隆重敬仰供茶饭；会供期间，特别是二十五日那天信众非常重视祭祀。每年会供期间，三大寺的 8 名格西对僧众发誓五部大论立宗，对这些格西称为“措让巴格西”。比起传召大法会规模较小。（《东噶》1737—1738 页）

169. 朗如、温、曲龙（སྣང་རུ། འོན། ཆོས་ལུང）”——地名。

170. 噶巴（འགག་པ）——门卫。

171. 姜（ལྕང）——西藏拉萨市曲水县一地名。

172. 驱鬼（གཏོར་རྒྱག）——所谓“驱鬼”是驱“卤公སྐུད་འགོང”，即替死鬼。在苯教中为代替活人性命，不杀牲口而用面或酥油做替代品，念咒语祈祷送替死鬼的做法。

同苯教的习惯一样，西藏地方政府时期，在藏历二月二十九日会供驱鬼时，为替代全体西藏人民雇佣两名名叫“卤公杰布”的替死鬼，有将其中一个放送到桑耶毕哈觉པེ་ཧར་ལྕོག、一个放

送到彭波杰康 འཕན་པོ་རྒྱལ་ཁང 的惯例。

这天，密宗宁玛强秋林巴全体按照宁玛派的规矩做“朵玛”。与此相关需要放送的两个替身中，由雪巴列空找的一个大身汉和彭波卤公岗派的一人，两个“卤公杰布”身着蓝色呢子“采秋玛”（便装），套上翻转的白山羊皮衣，腰部挂上纸作的斗、升、秤、色子，手挂黑牦牛尾巴，头带挂有黑牦牛尾巴和黑布旗幡的白布高帽，脸面涂成右黑左白形象。

此时，拉顶（拉让顶，即：大昭寺羌热屋脊）三面朝阳的雅间中，达赖喇嘛如未出席，准涅和森噶请来衣物，噶伦们入坐在康松向阳房中，哲蚌措钦格贵、恰达玛、朗杰扎仓喇嘛代表、强秋林巴上师等入坐在羌热石板地北面。拉萨措巴负责的两名“英男（དཔའ་བོ）、英女（དཔའ་མོ）”盛装并带 4 名仆人站立，强秋林巴在金廓中央事先已修送鬼架，以多洛为首 7 名黑帽在羌热抱厦下面讲法的同时跳羌姆舞，供献神饮（一种宗教仪式）后，“卤公”也按照自己的规矩跳羌姆舞，并且同强秋林巴的金刚上师一起掷三次色子。但是，金刚上师的白色子六面有一至六个数字，卤公的黑色子六面全是两点数字的同时刻有不明显的一至六个数字。这是为了防止对围观观众泄露秘密，实际掷色子时一名雪仲观看谁胜谁负后，在“桑扎”上记录上报。

掷完色子后，带有愤怒面具的“哈拉”们赶走两个卤公，一个路经热玛岗赶往桑耶，一个路经彭波贵拉赶往卤公岗。两个卤公没有走到相当一段距离之前不许回头。两个卤公后面，下密院的僧众在拉顶“厄旺”（“厄”字表智慧空，“旺”字表方便大乐）里，从曲杰门口为诵咒先举很多旗子，由协俄一行、诵经管理孜仲、哲蚌寺吉索、乃琼第巴等盛装点香前引；甘丹赤巴仁波切、8名措让巴格西、乃琼附体神等跟随“朵玛”后面，前往鲁固扔放朵玛场地。这天上密院、强秋林巴、贡噶曲德等处也有扔放朵玛送鬼的惯例。（《东噶》587—588页）

173. 僧队仪式（སེར་སྦྲེང）——藏历二月三十日是祭祀布达拉宫五世达赖喇嘛灵塔“藏林坚吉”、将一千两百九十九指高的以大日如来为主的五种胜佛和两千五百九十八指高的无量光佛两个锦缎唐卡，在布达拉宫墙面悬挂祭祀的日子。

布达拉宫的供物管理员交代给负责参加仪仗的三大寺、上下密院、木如、喜德、药王山，以及附近的六寺的供物，由供物管理员和措钦恰达玛两人对上述寺院的恰日和负责人训话，要求三十日天亮后，太阳照到格沛乌孜山顶时，两名供物管理执事孜仲及八名执事点香引路。这天，按《黄琉璃》所说手捧种类繁多的珍宝、古乐器等的千余僧人从大昭寺出发，路经八廓街、鲁固、宇妥桥到雪石碑处时，达赖喇嘛来到布达拉红宫萨松殿，下面手持各种供物的僧人边走边吹号、边走边敲鼓，表演神舞等。

仪仗队到布达拉宫后面时，结束布达拉宫的展佛。到了小昭寺，仪仗队再次表演以上神舞。返回到大昭寺，从第一个供物到最后一个，认真细致地进行查检接受入库，一丝不苟。整个活动结束后，对参加活动的每位僧人献一条哈达、布施一个章嘎藏银。这一仪仗会供活动是第巴桑结嘉措所创立。（《东噶》1738—1740 页）

174. 乃康（ནས་ཁང་）——存放青稞粮食的仓库。

175. 九世大怙主（སྐྱབས་མགོན་དགུ་པ་ཆེན་པོ་）——第九世达赖喇嘛隆朵嘉措（1805—1815）。嘉庆十年乙亥年十一岁圆寂。（《藏汉》2786 页）

176. 曲水（ཆུ་ཤུར་）——县名。在西藏自治区拉萨市西南，拉萨河和雅鲁藏布江在境内汇合。（《藏汉》811 页）

177. 金廓顶（དཀྱིལ་འཁོར་སྟེང་）——位于大昭寺。

178. 向衙门（ཞང་ཡ་མོན་）——应为驻藏大臣属下姓向官员之简称。

179. 索康林卡（ཟུར་ཁང་གླིང་ཁ་）——索康公馆的林卡。

180. 杰朵（བརྒྱད་གཏོར་）——八日朵马。藏历三月八日布达拉宫朗杰扎仓片德列协（利乐善论）寺僧人为四面怙主为首的护法众神周祭朝拜并此日开始僧俗公职人员换着夏装，一早到布达拉宫参加早朝。至尊就座于尼威寝宫后，司伦和噶伦为首的内廷近侍堪钦堪穷、孜雪列参、普通俗官等进行拜见，接着新任官吏们进行拜见。此时，举献三佛田的同时入座，敬茶饭；对报到辞行者及众人摩顶和赏赐护身符结后返回寝宫。在早朝处逐献素食和果子等，此后在大厅朗杰扎仓会供至尊和司伦噶伦等依次对四面怙主和佛母法王等的面具秘籍敬献哈达，结束仪式。从这天一直到燃灯节所有官吏都要着夏装。（《东噶》744—745 页）

181. 夏装（དབྱར་ཆས）——旧时藏历三月初八日开始，规定地方政府僧俗官员一律要着夏装。

182. 桑颇（བསམ་ཕོ）——贵族桑珠颇章的简称。

183. 边坝（དཔལ་འབར）——县名。在西藏自治区东北部怒江上游。（《藏汉》1631 页）

184. 塔工地区（དྭགས་ཀོང）——西藏山南地区的塔波和林芝地区的工布两地的简称。（《藏汉》1311 页）

185. 赤门（ཁྲི་སྨོན）——一贵族名。

186. 努玛瓦（ནུ་མ་བ）——一贵族名。

187. 仁布、南木林（རིན་སྤུངས་རྣམ་གླིང）——仁布，县名。明代译作领思奔寨。在西藏自治区南部、雅鲁藏布江中游（《藏汉》2700 页）；南木林，县名。清代译作朗林。又称响朗林。在后藏日喀则东北，雅鲁藏布江北岸。（《藏汉》1564 页）

188. 龙夏（ལུམ་ཤར）——贵族世家。

189. 时轮（དུས་འཁོར）——时轮金刚。系无上密乘。基道果

位一切建立，均与内、外、别三种时会密切联系，故称时轮。（《藏汉》1267页）

190. 卡尔羌（གར་འཆམས）——宗教舞蹈。

191. 林噶（གླིང་དཀར）——一庄园名。

192. 希康（ཞིབ་ཁང）——审计局。西藏地方政府所辖一机构名，专管审核有关单位每年的账目收支情况。（《藏汉》2391页）

193. 旺堆兴卡（འོང་སྟོད་ཞིང་ཁ）——拉萨旧城一地名。从字面看，此地原是田地前面的一块田地。

194. “贾神”（རྒྱའི་ལྷ）——具体何方神名不详。

195. 桑益（གསང་ཡིས）——拉萨北郊夺底的温泉。

196. 芒康（སྨར་ཁམས）——马尔康镇。阿坝藏族自治州所在地，位于四川阿坝藏族自治州中游，大渡河上游。（《藏汉》1967页）

197. 大皇帝画像唐卡（གོང་མ་ཆེན་པོའི་འདྲ་ཐང）——据《八世达赖喇嘛传》记载：安放在布达拉宫萨松寝宫玻璃柜里的乾隆皇帝画像是藏历第十二绕迥水马年（1762）八世达赖喇嘛降白嘉措坐床时，皇帝代表喀尔喀将军次丹嘉布和阿嘉呼图克图二位带来的，后来嘉庆三年（1798）八世达赖喇嘛亲政后，任命夏扎顿珠多吉噶伦和布达拉宫格桑曲扎强佐为管理员并为安放画像的萨松朗杰的寝宫创修天窗的同时，专设玻璃柜、屏障和前面摆放物的。（布达拉宫管理处平错次旦提供）

大皇帝画像唐卡是藏历铁兔年（1831）三月临时搬迁至弥勒殿的。“当年因维修红宫南面的萨松朗杰寝宫等，需搬迁大皇帝画像位置，再则至尊也要不久前往帕邦喀，为此，本月二十六日大皇帝画像和牌位搬迁至弥勒殿，两位驻藏大臣一到，在萨松互换哈达和相互慰问。吹奏第一乐曲时，至尊、两位大臣和诺门汗先生叩拜画像后，夏扎噶伦迎请画像、吞巴噶伦迎请万岁牌，右边排有二十几名朗杰扎仓僧队，左边排有贵人列队；吹奏第二乐曲时，从萨松到弥勒殿搬迁完毕；吹奏第三乐曲时，至尊向画像敬献黄色内库哈达并叩拜后，十名朗杰扎仓僧人举行开光仪轨。”（《西藏简明通史》下册 407 至 408 页）

198. 强康（བྱམས་ཁང）——弥勒殿。布达拉宫供奉弥勒菩萨的佛殿。

199. 站排（གྲན་བན）——藏语中的汉语借词，意为仪仗。

200. 功德林（ཀུན་གླིང）——拉萨四大林之一，济咙呼图克图驻锡地。功德林，称卫藏永安寺。乾隆六十年（1795）时，驱逐入藏廓尔喀侵略军后，为纪念卫藏两地获得安宁，乾隆帝赐名为卫藏永安寺，并赐汉蒙藏满四种文字的匾而得此名。达擦呼图克图丹白公布亦称其永住法轮寺。此寺建在磨盘山南面，是清官员参赞公海兰察、巴图鲁等捐助修建并赠与济咙呼图克图的驻锡地。乾隆五十九年（1794）建成后，也作为驻藏大臣内阁学士和刘世朗二位的书房。济咙呼图克图是在藏很有名望的活佛之一，他在宗教领域地位显赫，六世后其在藏权力甚大，在政治领域也有影响。乾隆五十七年，驱逐廓尔喀侵略军后，在福康安的主持下，制定《西藏善后章程二十九条》，第十八条中："现规定今后各大寺堪布活佛人选，得由达赖喇嘛、驻藏大臣及济咙呼图克图等协商决定，并发给加盖以上三人印章的执照。"济咙呼图克图共沿袭十一世，其中第八世洛桑益西丹白公布在政教中影响最大，功德林是他执政时负责修建的。他年轻时拜大学者班丹扎巴为师，1771—1781年奉命到内地学习，返回后再次到哲蚌寺果芒扎仓学习，1789年又一次奉命到内地，获北京掌印喇嘛称号，并接受命令到西藏协助达赖喇嘛处理政务，赏加毕里克图诺们汗名号。达擦济咙担任摄政期间，做了许多有利于汉藏团结之事，特别是配合清中央政府反击廓尔喀侵略的过程中，尤其受清廷的重视。1792年廓尔喀之战结束后，清朝内阁福康安与达擦丹白公布兴建功德林寺，福康安亲自捐款七百两，海兰察等官兵也纷纷捐款，达擦丹白公布也投入大量物资，兴建了山上的维楚庙、山腰的关帝庙和山下的功德林寺。功德林寺规模宏大，四周绿油油树林和房屋相连接，景色迷人。功德林主楼有四层，均用石头垒筑，墙上装点有柽柳女墙，屋顶竖有金光闪闪的胜利幢和屋脊宝瓶。主殿中央有五间高大的佛殿，中间的高度有三层楼高。佛殿背后是神殿，它中间有四柱面积的一房间，主供宗喀巴外，还有很多佛像。左右两侧各有两柱子面积的灵庙，里面有各种护法神像。洛桑益西丹白公布的镀金铜灵塔上镶有各种宝石。还有九世济咙活佛洛桑丹白坚赞和十世济咙活佛阿旺班丹曲杰坚赞的两座银质灵塔，装饰有金质宝盒和各种宝石。主殿的布局也有所变化，正中有八世济咙丹白公布的宝座和镀金铜的三师弟像，还有银铸丹白公布等的塑像。佛殿顶层各屋里保存有清朝历代皇帝所赐奖匾和宝物。功德林前面的石碑小房顶是琉璃瓦，三米四高，石碑上用汉藏文书写有驱逐廓尔喀和兴建功德林的历史。功德林佛殿殿门、大门、各殿堂，甚至库房等门上都有匾，这些匾都是朝廷和驻藏大臣，以及他们下属官员赏赐的。这表明济咙活佛为祖国统一、民族团结所作出的贡献。（《东噶》80—82 页）

201. 丹杰林（བསྟན་རྒྱས་གླིང）——拉萨四大林之一，第穆呼图克图驻锡地。丹杰林寺，位于拉萨大昭寺西北侧，以前属四大林建筑规模最大之一。第十三绕迥火牛年（1757）七世达赖喇嘛格桑嘉措圆寂，四月乾隆皇帝下令：赏赐第穆江白德列加错为呼图克图诺门罕名号，按照达赖喇嘛健在时一样，掌握政教权力，注意善于办事，噶伦俱遇事按照达赖喇嘛健在时的规矩，与第穆呼图克图协商，不得随意下旨和利用权力制造混乱。从此第穆江白德列加错代理达赖喇嘛一切事务，成为西藏历史上第一个握有政教大权的摄政呼图克图。第穆江白嘉措掌握政权第五年，也就是第十三绕迥水马年（1762），在地方政府管辖之地喇嘛康萨处，开始兴建丹杰林寺，水羊年（1763）竣工。第穆呼图克图自己对此寺取名为“噶丹桑阿噶彩”，乾隆皇帝赏赐汉藏满蒙四种文字写有“丹杰林”的匾，都称“丹杰林”，一时成为拉萨各林（策默林、功德林、次角林、丹杰林）中规模最大的。第穆江白阿旺格列嘉措、洛桑土丹晋美嘉措和洛桑赤列绕杰前后担任西藏摄政期间，扎仓和拉让非常兴旺。现在所剩丹杰林大楼是寺庙北侧部分残留。在川军哗变前的丹杰林寺是拉萨四林中最早最大的建筑。当时该寺的东大门在青枯内，西大门在赛兴（现今拉萨一小）一带，南大门在丁贵江色一带。第十五饶迥水鼠年（1912）川军潜入该寺，因该寺同情川军与藏军发生冲突，西藏地方政府没收该寺，只剩如今的三层楼房。该三层楼是寺庙北侧各神殿中的一部分，面朝南，面积有1270平方米，内深27米，底层的建筑是此建筑的主要结构，非常宏伟。此建筑分为东西两部分。东面的前方同四方佛殿相连接，共有五间房、五间内深房，有240平方米；佛殿后面有三间神殿，其中中间较大的神殿6.8米宽、内深.4米、4个柱子，左右较小的两间平均4米宽、2个柱子，三个神殿的门都向佛殿内，都是两扇门。神殿和佛殿之间隔有两堵墙，两墙之间1.8米宽的长廊，这些建筑方式是罕见的。佛殿前大门有3.6米宽、内深2.3米殿门抱厦。该殿门抱厦两个柱子具有14世纪中叶的建筑风格。第十六饶迥土鼠年（1948），因西藏地方政府把东面的所有房子交给哲蚌寺果乌康村管理，所以每年传召大法会期间，果乌康村的僧人们借住此地并继续祷祭此内的主要护法红小鼠。西面前方有4间房、十间房、250平方米面积的佛殿，后方有排列不齐的库房，这些早先归萨迦寺并用于印经，后来又归桑耶寺。桑耶寺为祈求护法，每年换派六名僧人到此地。西面楼顶还有10.1米宽、内深15米的神殿，神殿前的佛殿有4柱子面积，后面几尺高台式主要神殿，有4柱子面积。中间有三门隔扇。神殿四周墙壁早先满满壁画。此寺破坏前的佛像、佛经和佛塔有：后殿卫玛旺扎噶彩里有许多本尊护法神像，主供哲蚌密宗殿的大威德神像等高的世尊大威德神像。东内“赤藏欧珠噶彩”里，一层楼高的弥勒佛为主的三世佛像及宝座，左右两边有六尊菩萨立像，门卫一层楼高的金刚手和马头明王，从江孜孜钦迎请的弥勒佛镀金铜像。后殿“西东钦囊若”护法殿里，从聂唐曲宗迎请的、犀牛皮做的法王师尊索南坚赞的本尊神的宝帐怙主兄妹舞像、“粘衮”婆罗门型、还有萨迦风格的本尊护法的画像和塑像等。（此寺有隆重跳第穆九舞的习俗。）（《东噶》1029—1031页）

202. 霍尔康（ཧོར་ཁང）——贵族名。

203. 万岁牌（མཚན་བྱང）——位于布达拉宫萨松寝宫的用藏汉满蒙四种文字书写的“當今皇上萬歲萬萬歲”祝词是康熙皇帝的大臣安新虎赠给七世达赖喇嘛后，安放在布达拉宫的。

204. 拉达克贺米寺（ལ་དྭགས་ཧེ་མི་དགོན）：拉达克位于克什米尔东南部，属于中国、巴基斯坦、印度三方的领土争议区。现绝大部分领土由印度实际控制。面积45110平方公里。官方语言为藏语（拉达克方言）和乌尔都语。（网上百度百科）贺米寺是这一地区的藏传佛教寺庙。

205. 桑耶（བསམ་ཡས）——西藏山南扎囊县一地名。桑耶寺：山南扎囊县境一古代寺庙名。8世纪中，藏王赤松德赞和印度佛学家白马穹乃、希瓦措等三人仿照印度古庙阿登达波日寺形式糅合汉地、西藏以及印度的建筑风格于一体，共同倡建。主殿代表须弥山，周围有代表四大部洲、八小洲和日、月的小殿，虽曾几度遭受火灾，均经修复。11世纪中，原来流亡康青各地的僧徒，重返西藏，聚居桑耶寺，逐渐成为宁玛派的主庙。（《藏汉》3044页）

206. 教武场（བྱའུ་གྲང）——藏语中的汉语借词。

207. 奈贤（སྣེ་ཤན）——接头，联络。（《藏汉》1599页）

208. 增位（ལས་འཕར）——在原固定官位上增任的官员。

209. 萨嘎达瓦（ས་ཟླ）——氐宿月。藏历四月氐宿出现，故名氐宿月。相传释迦牟尼于藏历四月十五降生，成道和圆寂，藏俗在此月中，宗教活动极为频繁。（《藏汉》2893页）

在这三大节日进行祭祀等活动，这些日子里，不仅是各寺院，连广大群众也有戒荤的习俗。地方政府及孜康列空捐款于俗官的氐宿月祭祀资金利息中，八日、十五日和三十日为大昭寺、小昭寺布达拉宫圣天殿各处进行千供，为主供佛涂金，为周边镇肢镇节等寺庙供佛涂金和献哈达等的祭祀费用，由噶厦发送加印命令至各管辖地。十五日一大早，各位噶伦着“曲瑟”服，扎萨、台吉和四品着“佐瑟”服，孜本、拉恰、赛朗巴、列参巴、普通俗官、孜康学生等着蓝宝石色和红黄色服和带铁环帽，以特殊礼服集中到大昭寺，按顺序朝圣，对二尊释迦牟尼和三尊大悲观世音菩萨各献五种内库哈达，对其余各献阿喜、素喜、外库等哈达，对坛城中心海泉献五宝祭品。朝圣结束后，到了朗孜夏门口，由两位米本、管家秘书、房管站排迎接，对四位噶伦周边跪下的四罪犯，由噶准和计算员给罪犯每人献一条哈达进行特赦。随后，到小昭寺朝圣，顺林廓路转经，到罗布林卡宫殿对主供敬献哈达，举行早朝，拜见达赖喇嘛。提供茶饭、素食酸奶、惯例食品，结束早朝。各位噶伦到德吉林卡来回骑马外，继续步行林廓转经，沿大象房旁上布达拉宫朝圣后，返回到龙王潭时，牛皮船夫们也准备就绪。噶伦一行乘船，到了龙王庙石阶时，由雪巴列空僧俗管家和涅仲扶持噶伦们到龙王庙寝宫，其余按顺序入坐在长廊周围座位上。由雪巴列空按顺序提供茶饭、涞（青稞酒母的汁）、素食午餐；对拉萨朗玛歌舞会演奏人员、歌舞藏戏表演人员、牛皮船官、雪列空朗玛献给贺喜哈达和赏金。乘船绕龙王庙一周后，继续未转完的林廓转经。这天，布达拉宫译仓列空也为上述各主供，领取达赖喇嘛敬献的祝愿哈达、神物，从小库领取施贫份金的四堪仲和译仓一行着平日新装，早上集中到布达拉宫，为洛迦夏惹为主的布达拉宫各神殿，按上述路线林廓转经到龙王潭、小昭寺等朝圣；译仓工作人员将达赖喇嘛寝宫的施贫份金和神物分赏给乞丐，各贵族自己也在祭祀和施贫。上午僧俗群众进行祭祀后，带着茶酒和食品到龙王潭，乘牛皮船转龙王庙，唱藏戏和歌曲，尽情享乐；按照各自的经济条件，尽最大力量供佛和施贫。（《东噶》2045—2046 页）

210. 释迦牟尼（ཇོ་བོ་རིན་པོ་ཆེ）——释迦译“能”，牟尼译“仁”，故称“能仁”。幼名悉达多。出身无垢释迦王族，父净饭王，母摩耶夫人。己未年（公元前 542）六月十五日入胎；庚申年四月初七日诞生，少年精通六十四种技艺；娶果耶等为妻妾，妃嫔环侍度日；二十九岁由家趋于非家，独往净塔削发近圆；在尼连禅河畔林中苦行六年；三十五岁甲午年四月十五日暮，降伏众魔；夜半入定；次晨证觉；经四十九日后及六月初四日始在波罗奈斯城初转四谛法轮；次第在王舍城、灵鹫山先后续转性相法轮及分别抉择法轮；至八十一岁庚辰年（公元前 461）四月十五日在拘尸那伽（上茅）城圆寂。是为释迦牟尼生平十二大事行状。（《藏汉》2830 页）

211. 五千种供品（མཆོད་པ་སྣ་ལྔ་སྟོང་མཆར）——祭祀、供奉的一种。还有四供，八供，百供，千供等。（《藏汉》856 页）

212. 章喀罐（ཇམ་ལྡིར）——旧时，能盛价值藏币一钱五分的藏酒酒罐。（《藏汉》1032 页）

213. 斯喜（སྲིད་ཞི）——有寂，生死涅槃。（《藏汉》2978 页）此处为政教之意。

214. 静处（དབེན་གནས）——隐居之地，幽静的地方。（《藏汉》1948 页）

215. 贡桑多吉宫（ཀུན་བཟང་རྡོ་རྗེ་ཕོ་བྲང）——帕邦喀一宫名。

216. 宇妥（གཡུ་ཐོག）——一贵族人家。

217. 平康（ཕུན་ཁང）——平措康萨的简称，一贵族人家。

218. 上下密宗院（རྒྱུད་སྟོད་སྨད）——宗喀巴弟子协绕僧格 1433 年在拉萨所创密宗院名为下密院，其弟子衮噶顿珠 1474 年所创密宗院为上密院。均为弘扬格鲁派密法之地。（《藏汉》574 页）上密院曾以拉萨小昭寺为僧众聚会之地（《藏汉》574 页）；下密院曾以拉萨木如寺为僧众聚会之地（《藏汉》575 页）

下密院，藏语叫“举麦扎仓”。现位于拉萨市内幸福路北，东与木如寺相连。这个密院是一所专门修习格鲁派密宗的扎仓，主要建筑包括经堂、佛殿、僧舍、辩经场、印经房等，其中不论建筑规模和艺术价值都以主厅为最。

主厅设在密院中央，坐北朝南，共高四层．一层南部即大经堂，北部为供佛大殿，中有五门相通。经堂总占地面积 882 平方米，开间较大，内有柱子48根，正中四柱直通二三层，承托高敞天窗．四殿皆有壁画，内容多是格鲁派故事。东侧室房内有柱12根，泥塑像9尊。西边则无侧室。经堂大门两侧有巨幅护法神壁画6幅。供佛大殿面积415平方米，西有厢廊。殿内主供宗喀巴，左右为其弟子，全为泥塑彩绘，高至主厅二层，柱32根，现不存。主厅三层建筑平面呈“п”形，北端有一殿堂，供有无量寿佛和观音菩萨，余皆僧舍。三层亦为僧舍。四层是达赖留宿住所，面积很小，仅有一柱。在主厅西边有一辩经场，中为露天场地，周围是回廊建筑，其南与印经房相通。主厅正前方43.3米处原为密院大门，40米处为二门，两门左右都是东西排列的僧舍，惜现已拆除新建，原貌不可视知。

下密院创建于18世纪时期，创建人为铁钦帕尔土。当时，拉萨城区并无一个专门修习密宗方面的场所，铁钦帕尔土作为寺主主持修建了这座下密院。铁钦帕尔土为当时西藏地方政府的首席噶伦，以后由于权力之争，噶伦之间发生内讧。1727年，铁钦帕尔土在大昭寺传颂公文时，被其余三个噶伦杀害。

早在拉萨下密院未建之前，前后藏就有密院这一设置，时间在15世纪，创建人为宗喀巴八大弟子之一协饶僧格（1382—1445）。协饶僧格先是在后藏一个“斯”的地方修建密院，在修建过程中，因要回拉萨，便将余修任务交给一个主要弟子德朗巴·班丹桑布。协饶僧格到拉萨后，在甘丹寺修了一个密院，当时规模不大。

后又返回堆龙德庆县，在一个叫“曲敏龙”的地方又修了一个密院，这个密院连同后藏的密院一起，习惯上称为上下密院。“曲敏龙”密院规模很大，佛事活动非常隆重，按当时规定，每年有一个半月，上，下密院僧人都必须集中在羊八井寺静修，期间不得有任何外出活动。此制度沿袭时间较长，直到藏巴汗执政时才取消。

在以后的一段时期内，协饶僧格还先后在色拉寺山上的色拉群丹处、蔡公堂、达孜县的德钦桑昂卡、墨竹工卡县的吉米次和彭布竹结等地方修建了密院。现在拉萨市内的密院则是 18 世纪铁钦帕尔土主持修的。

在小昭寺旁还有个上密宗院，是从上述下密院中派生出来的，二者亦合称上、下密院，但这两个密院之间没有从属关系。上密院占地面积约 2 万平方米，包括今小昭寺前左右两边的两层楼房和东边拉萨二中占用的当年的习经场。习经场内古树成林，优雅安静，是潜心学经的好场所。

按当时的规定，上下密院的僧人只有在拉萨三大寺显宗扎仓修习完毕，才有资格进入密宗院，虽然哲蚌、色拉两寺亦有密宗扎仓，但都属于低级阶段，上、下密院属于高级阶段。上、下密院在组织上有隶属甘丹寺的迹象，但实质上与甘丹寺的关系是平行的。

上、下密院僧员来源有两类：一类是在三大寺考取格西的僧员，称为左仁巴；一类是具有三大寺僧籍和少数来自其他寺院的附读僧员，称为吉仁巴。这两类僧员都统称为喇嘛举巴，但唯有左仁巴才是喇嘛举巴的正宗。

下密院在西藏和平解放前定员为500名，辖豁卡28个、小寺6座、康村5个。

上、下密院的僧规制度，以严格著称。在生活待遇上，对左仁巴和吉仁巴一视同仁，就是有活佛身份的僧员，也不例外。其修行方法带有苦行僧与行脚僧的特色，如午夜上殿时一律光脚；法苑读经，每人要在树下挖一地坑，坑内铺上石子，人坐其上，无论风霜雨雪，都留在露天，不得间断；遵行僧人非时食戒，过午不食；夜间集体睡在大殿上。僧员要出外游居，每年按照规定日程，到指定地点，修某一种法，年年如此，周而复始；外出时，要列队集体行动，自负行李，除堪布能骑马外，一律步行，风雨无阻。这种出外游居的期限，对左仁巴规定一年，吉仁巴要连续九年。游居地点，近者如大昭寺、布达拉、三大寺等，远者达两百里外。

密院修习内容，主要为集密，胜乐，大威德三金刚以及一些次要的金刚和护法的密法。这些神道有牛头兽面之神，有男女双身之神，这正是一个喇嘛寺院与一般佛教寺院明显不同的地方。关于密法的经咒、灌顶、坛场、仪轨等，名目繁多，而且神秘莫测。

密院是一个无规定年限的修习单位，这里没有像显宗扎仓考选格西的制度，修习僧员可以随时退学，亦可以在此终老一生。可是对左仁巴中之具备拉让巴学位的僧员，可以按照年资，候缺升任扎仓的执事。这是一条在经院组织中登峰造极的道路。

密院的扎仓组织，与一般的扎仓组织大体相同。但扎仓的重要执事，从格贵以上必须由拉让巴学员升充。等他任格贵期满，而后按照年资，候升喇嘛翁则。翁则任满，再按照年资候升堪布。堪布一律任期三年，任满退职，名为堪苏。凡上密院的堪苏，可按照年资，候缺升补夏孜却杰一职；下密院的堪苏，则按照年资，候缺升补绛孜却杰一职。夏孜，绛孜（意译为东峰，北峰）是组成甘丹寺的两个扎仓的名字，却杰译意为法尊，这两名法尊，可轮流递补甘丹寺的首席即甘丹赤巴一职（七年一任），成为格鲁派创始人宗喀巴的法座的继承人。

担任了甘丹赤巴后，再遵循由显而密的正规道路，就可以在一生中修到最高成就。同时他即可成为一个活佛，可以从此转世。无论在职期间，或任满退职后，都有资格成为代替达赖掌办西藏地方政务的候选人之一。

下密院的堪布，对内主管僧众学经、寺院行政，对外管理地属产业百姓，并有权代表寺院出席西藏地方政府的重要会议。强佐是堪布下面的总管，主要管理扎仓行政以及所属财产、属民、经济收支和对外关系。喇嘛翁则管理僧众念经，代理堪布行使教务权力。格贵除了掌管扎仓僧众名册之外，并负责维持扎仓纪律，处理一般纠纷，有权处罚任何僧员，是密院内的司法官。

总之，下密院在当时社会上影响很大，地位很高，权力仅次于三大寺，是一个政教合一的强大组织机构。（《拉萨文物志》康乐）

219. 木如、希德（རྨེ་གཞིས）——木如、希德两寺。

其中木如寺：相传为赤松德赞所建，在拉萨大昭寺东北，后为下密院地址（《藏汉》2154—2155 页）（现今为西藏话剧团原址木如寺以西院子）。新木如寺坐落在大昭寺的东北，小昭寺的东南，现为西藏话剧团驻地。

该寺创建于十三世达赖喇嘛时期，主持人为乃迴寺法王释迦亚陪。寺院坐北朝南，东西宽度前后不一，前面宽 85 米，后面宽 97 米，南北长 102 米，面积 8925 平方米。寺院有四道大门，第一道大门在 1968 年修寺前东西大道时被拆除。

该寺主殿位于后部中心，前面则是僧舍。主殿分前后两部分，前部为大经堂，后部是佛殿。经堂面阔 9 间，进深 7 间，65 柱。柱子粗细不一，直径一般为 0. 4—0. 45 米，正中有 8 根长柱，直通第二层，托起高敞天窗，结构和老木如寺经堂的天窗相同。佛殿并排三个，中间者平面近乎正方形，长 11 米，宽 10 米，面积 110 平方米，8 根大柱；两侧佛堂范围较小，分别有 3 柱。

寺内东、南、西三边全为高大的僧舍建筑，第一层高 3. 5 米，第二层高 2. 4 米，第三层高 2. 7 米，顶层护墙高 1. 1 米，总高度合 9. 7

米。西边僧舍建筑布局颇殊，前后并列筑有两排南北向僧舍，两排僧舍中间，夹一狭长院落。东边则只有一排南北向僧舍，这种布局并未拘泥于对称原则，反显得富于变化。

寺院建筑整个布局前低后高，错落有致。梁柱雕画繁缛艳丽，是19世纪建筑流行风格。

木如寺由于年久修，好多关键地方的木柱正在腐烂，进驻单位采用水泥砖块组合，进行了必要的加固，现在原有建筑基本上完好地保存着。（《拉萨文物志》王望生）

木如宁巴坐落在大昭寺东，与大昭寺仅一墙之隔。东西长52.2米，南北宽39.4米，面积合2057平方米。

该寺坐北朝南，后部正中为三层高的佛殿大楼，系该寺主体建筑。佛殿大楼两侧和前边绕以高两层的僧房，僧房前筑有明廊，形成主次分明、错落有致、完整严密的布局。寺院大门原辟于南侧，从南边僧房中间穿过，后改辟于北侧，从主殿大楼与两侧僧房形成的夹廊中向北穿出。就建筑风格判断，改门年代与现存主殿大楼同时。主殿大楼平面基本呈方形，东西长25.8米，南北宽23.5米，大殿一层为经堂、佛殿，两侧系库房。经堂五进五间，进深11.3米，面阔11米。共16柱，中间四柱升高，托起高敞天窗。经堂四壁遍绘密宗题材壁画，系黑地上以黄色单线勾勒描绘。壁画线条极流畅，画面醒目，但出手甚晚。

经堂后部为佛殿，佛殿地平较经堂拔高约 1 米。佛殿前门为屏风式，较秀丽。正中为二进三间佛殿，右边一侧室，系库房。左边与库房对处为梯子。佛殿主供五世达赖主持雕塑的金刚佛面具。

出经堂前门，即为门廊。门廊为晚近款式，最前排一线 4 个大柱，撑起出前墙近两米的木构房廊。构件雕饰繁丽，接合严谨，风格和山南曲德贡大殿门廊完全一致。

主殿大楼的建造年代为十三世达赖时期。

木如宁巴寺内最早的建筑为藏巴拉佛殿。藏巴拉佛殿位于主殿大楼西侧一排僧房的中部，坐西朝东，长 7.5 米，宽 7.2 米。该佛殿平面布局颇有特色，进佛殿大门即是左转经廊，正中拱围着面积很小的神龛，内供藏巴拉塑像。藏巴拉佛殿用材粗厚，梁架截面多加工成方形或长方形状，椽条亦较粗。佛殿建筑低矮，经廊亦很狭窄，采光不佳。佛殿中心的墙体大部分为土墙，夯筑，墙体表面是厚约 2 厘米的草拌泥和白灰面，白灰面上绘有壁画，今已不存。

《西藏王统记》有吐蕃赞普赤热巴巾的大臣在大昭寺四周修建了六座佛殿的记载，即东西修有噶如和木如，南有噶瓦和噶瓦卫，北有产康和产康它玛，其中在十三世达赖主持下对木如寺进行了大规模的修葺扩建，形成了今天的规模。与此同时，由乃迥寺法王释迦亚陪主持在小昭寺北又兴建了一木如寺，从此大昭寺东的木如寺遂称木如宁巴（即老木如寺），以区别于新建的木如寺。

其实，木如宁巴寺内唯一可以与此名称相配的是藏巴拉康建筑，其布局和结构保留了不少吐蕃早期的东西。围绕这个拉康还有许多早期的传说。据乃迥寺法王释迦亚陪的部分著作云，这个拉康还是吞米桑布扎创造藏文的圣地，是吞米桑布扎的资料室。这些都为判断此佛殿始建年代提供了宝贵的线索。

五世达赖时期传召法会中，藏巴拉佛殿曾是乃迥寺僧人的法会堂，其时木如宁巴聚集 114 位僧人；普通宗教节日里，该寺一般聚集 34 位僧人；平时祈祷则仅 4 僧。（《拉萨文物志》仲立）

喜德寺：位于拉萨小昭寺西南一里处。《黄琉璃》中记载：小昭寺喜德是采巴万户长噶德桑布在小昭寺设四名礼佛供施僧人而得名。七世达赖喇嘛传《如意宝穗》中记载：喜德扎仓系君王赤热巴坚时期，在拉萨大昭寺四周各建一寺中的“噶瓦”，后采巴万户长也发展其寺。但是等到公元 9 世纪，朗达玛灭佛时期，此寺也遭到破坏。元朝皇帝忽必烈时期，采巴万户长噶德白（第五饶迥火牛年［1277］至第五饶迥铁牛年［1301］期间担任万户长）的支持下，喜德寺在原有的基础上得到扩大，增加了 20 多名僧人，从采巴领地中捐献了一部分庄园。第十一饶迥时，直到发生藏巴战争前，木如扎仓的堪布兼管喜德寺。此后木如寺和喜德寺分立扎仓、另设导师。18 世纪后期，热振呼图克图二世丹巴绕杰赤钦（因他的前世阿旺乔丹曾任甘丹赤巴，对他也尊称赤钦，实际没有任过甘丹赤巴）的佛事活动相当频繁，大部分佛事都在喜德寺举行，与喜德扎仓形成密切的师徒关系，按照寺庙执事僧众共同的请求，掌管寺庙并进行大规模修缮扩建后，成为热振呼图克图后世们在拉萨的重要驻地。清帝也赏赐“甘丹桑丹林”匾，如前世续留诺门罕称号。十一世、十二世达赖喇嘛年幼时，热振前后两次担任摄政期间，进一步扩建了喜德寺，算得上在拉萨的四林中布局良好、规模最大之一。藏历第十四饶迥水狗年（1862），因哲蚌寺因明僧人开支转账和随心使用执政印章之故，遭到哲蚌和甘丹的僧人和许多高低公职人员的反对，掀起热振摄政不得不自辞的运动，同时引起色拉寺和地方政府之间发生争战，该寺遭到较大的重创。热振摄政自己也拿着执政印章，路经塔尔寺逃亡内地。驻藏大臣奏请清廷撤销热振的摄政称号。地方政府没收这一时期政府赠与的庄园和百姓，但可以继续保留呼图克图地位和允许寻请转世灵童，一如既往地掌管前世热振时期的庄园和百姓。后来，四世热振阿旺益西门龙认真请求十三世达赖喇嘛，退还热振拉让掌管的庄园、寺庙和百姓，今后不再认定热振呼图克图的转世灵童。但是，没有被批准，下令继续掌管现有拉让掌管权，继续认定转世灵童。十三世达赖喇嘛圆寂后，按照西藏僧俗代表全会的请求，五世热振土登江白益西丹白坚赞担任 7 年摄政后，对侍读达扎寄予厚望，交给摄政的重任，但后来产生极大的矛盾，监禁卸任热振摄政，许多拉让随员和有关官员受到牵连，拉让、热振寺和喜德扎仓受到严重的破坏，又在后来的历次运动中严重受损，只剩如今的寺庙遗址。

喜德寺的布局是，包括大殿、神殿、净厨、僧舍在内的四合院，后面设神殿和大殿，二层是向阳窗，顶楼是拉让各房，另三面是净厨和二层僧舍环绕。大殿外面 9 间房和里面 7 间房，共有四十八柱的面积。大殿中间亮顶天窗，太阳可以直接照射到大殿里面，在西藏各寺中独具风格。大殿里面北墙全是壁画，里面三排佛殿中，中间是主要的，左右两个是附属神殿，这三个神殿共有 12 个柱子的面积。以前这三个神殿里有很多镀金铜像、泥塑神像和壁画，如今不存在了。大殿大门前殿门抱厦，两侧有两间房，前面有多层石头阶梯，寺庙前面的两层僧舍都是藏式结构的。如今，除了大殿西南角被损坏，其附属配套房和上面一层不存在外，其余大部分一如既往。另外，曾经一段时间喜德扎仓坐落在夺底桑益的遗迹，现今还能看得到。传记《如意宝穗》中有第十三饶迥木狗年（1754）七世达赖喇嘛在美朵江色地方兴建喜德寺的记载。（《东噶》1821—1823 页）

220. 药王山（ལྕགས་པོ་རི）——布达拉宫西南一小山名。相传密宗事部三怙主（佛部文殊，金刚部金刚手和莲花部观世音）之一金刚手的神魂山；有金铁矿。关于药王山，请参看《东噶藏学大辞典》“药王山藏医大学”词条、“药王山琉璃石刻”词条、“药王山药泉”词条。（《东噶》796—800 页）

221. 翁则曲本（དབུ་ཆོས་དགེ་རྒན）——悦众维那。寺庙中起腔领众讽诵经文的人和执掌清规戒律的人。（《藏汉》1939 页）

222. 拉萨“贵涅”（ལྷ་སའི་སྐུ་གཉེར）——拉萨的香灯师，庙祝。寺庙中管理佛像、经、塔的人。（《藏汉》121 页）过去，拉萨大昭寺有一位较有名望的叫列白西绕的香灯官。有的贤哲也云，《西藏王统记》是他所著，并非萨迦师尊索南坚赞所著；隆多喇嘛仁波切称《西藏王统记》是哲蚌果芒秀康巴·列白西绕所著。（《东噶》2208 页）

223. 回尼（ཁ་བལ）回民和尼泊尔人。

224. “阿杂热（ཨ་ཙཱར）”——游学僧，游方僧，行脚僧。（《藏汉》3125 页）

225. 内石碑（རྡོ་རིང་ནང་མ）——西藏地方政府第五代第司桑结嘉措为纪念布达拉红宫竣工，在布达拉宫围墙内竖立的石碑，碑面无任何文字。外石碑竖立在布达拉宫围墙外，相对于内石碑而得名。此碑顶部不仅有石顶，而且除了北面三面均刻有藏文。此碑是距今为止发现的石碑中年代最久的。藏王赤松德赞为表彰自己内大臣达扎路恭的功绩和允诺盟书内容刻于碑上。据石碑内容，此石碑是吐蕃占领唐朝首都长安之年，即大约在公元 763 年年底竖立的。（《东噶》1179 页）

226. 正大门（རྒྱལ་སྒོ་གཞུང་སྒོ）——指布达拉宫正前方大门。

227. “札阁迦腻（བྲག་སྒོ་ཀ་གླིང）”——连接拉萨布达拉山和药王山间的四门塔名。民间传说为唐代金城公主所建，旧译遥临接脉。（《藏汉》1898 页）

“札阁迦腻”位于拉萨红山和药王山之间。有三个大小不同的佛塔：大佛塔位于“迦腻路”中央，两个小的各位于红山和药王山的山端。札阁迦腻历史悠久，是拉萨较有名气的一座佛塔。此处建造这么一个佛塔的理由是，过去药王山和红山相连接，形如大象和狮子尾相连。地形而言，很有吉兆。文成公主带到西藏的堪舆书籍和唐朝中期印度班智达图哈尔那巴带到西藏的堪舆书籍中说道：形成城乡和王宫场地之中，如小山两端相连接，此地的世系中不断地涌现有知识和有能力的人才；如小山两端不连接，出现相反的弊端。但是，据传赤松德赞时期撰写的有些历史书籍中，很多神话般的故事广为流传，金城公主为自己的儿子被赤松德赞王的大妃子纳南萨抢夺而报仇，毁坏有利于西藏进步及拉萨和山南的各各良好山兆时，断开了红山和药王山的连接。据传，后来赤松德赞王认定自己的母亲为金城公主，公主开心，后悔毁坏良好山兆，为修复红山和药王山的连接，两个山端各修建一个佛塔，山端连接处修建下面有道路的一个大佛塔。当时以汉地和印度带入西藏的堪舆书籍中所述为依据，论述了许多广阔的平地中间如有无连接的山端，就会影响村寨大地和动物的事例，引至西藏历代统治者反复修缮的历史：噶玛·丹迥统治时期和后来的藏历十一饶迥火牛年（1637）第巴·索南绕丹修缮的也临近倒塌，因此，藏历十一饶迥火马年（1667）再次新建；本想用琉璃瓦包裹这一佛塔，但由于工匠的技术没有把握，新修镀金铜包裹的十三佛轮莲花和大悲陀罗尼，顶帘处新画十二恶趣坛城，中央处新画无量寿佛像坛城，新修三佛塔铁链连接30风铃及佛塔内藏等。此后，八世达赖喇嘛时期也进行了修缮。十三世达赖喇嘛时期，进行了大规模的修建，按照意图内藏装有几个缎子包装的降服轮、各神魂石，为消除危难装有盛福金刚橛为主的全套金刚橛坛城、几十万金刚橛像，几十万释迦牟尼、大威德、莲花生等佛像，全套《甘珠尔》，以及用铁链连接十三法轮顶端的各方，每七个风铃按照金刚橛的内涵，挂有降服咒和息灾咒。坚固而庄重的三个佛塔，展现在来往过路人们的目光中。从西面来到拉萨的人们，必经札阁迦腻，此塔便成为拉萨的西大门。新建佛塔的开支方面，除了土石木材外，仅红铜用了396多“卡克”（མཁར་ཁལ1卡克相当于8市斤）、5545两黄金、13945两汞，包括尼泊尔工匠在内铜匠的工钱，以青稞计算用了1600藏克（1藏克约28市斤）。后来，藏历第十六饶迥火马年（1966）“文化大革命”动乱时毁坏三佛塔。藏历第十七饶迥木猪年（1995）政府修建布达拉宫广场时，重建了三佛塔，再现了古朴容貌。札阁迦腻三佛塔中的中佛塔是神变塔的形状，建在红山脚的佛塔是尊胜塔的形状，建在药王山脚的佛塔是菩提塔。红山脚的尊胜塔近处，有一座名为札阁博士的小神堂，这是五世达赖喇嘛洛桑嘉措为纪念札阁博士圆寂，坚持给扎阁博士的戒律念修的地点和用石头垒砌的圆寂处，修建一所神堂供奉札阁博士的头颅，并扬名由五世达赖喇嘛亲自开光的。这座神庙现今也被重建。（《东噶》1513—1515 页）

228. “古秀江斯（ཀ་ཤུ་ལྗང་སེང）”——位于布达拉宫西侧林卡。据传：曾因达赖喇嘛坐过（སྐུ་བཞུགས）此林卡而得名。后来在藏语中变音，成为“古秀（苹果）林卡或古秀江斯”。

229. “曲杰噶布（ཆོས་རྒྱལ་དཀར་པོ）”——位于布达拉宫西侧。

230. “恰盖江斯（ཆ་རྐལ་ལྗང་སེང）”——大概位于“古秀江斯”和“大象房”的树林。

231. 大象房（གླང་ཁང）——指西藏拉萨布达拉宫后面，龙王潭前方西南角的大象房。1791 年廓尔喀投降后，为清廷赠给（八世）达赖喇嘛的四头大象，修筑大象房，取名为“平措热瓦”。把四头大象赠送给龙王潭所供“墨竹斯坚龙王”后，任命养象者和护林员。（《东噶》114 页）西藏地方政府时，每天中午十二点（拉萨时间）养象者按顺时针方向围着布达拉宫，牵着大象去饮水。到布达拉宫正前方时，养象者让大象面对布达拉宫后，喊一声“萨拉木”时，大象用鼻子向着布达拉宫行礼。行完礼后，牵到药王山下泉水饮水，再牵回大象房。

232. 流沙河石桥（བྱེ་རག་རྡོ་ཟམ）——龙王潭西面，原流沙河跟前的石桥。

233. 桑布（ཟང་སྦུག）——地名。

234. 基索（སྤྱི་བསོ）——专指旧时总管寺庙公共财务收支的机构。（《藏汉》1680 页）

235. 冲麦谿卡（གྲོང་སྨད་གཞིས）——位于娘热乡，原第司桑结嘉措出生地公馆。

236. 卡索（ཁ་བསོད）——索达哈达。

237. 基索第巴（སྤྱི་སོ་སྡེ་པ）——指旧时寺庙公共财务收支机构的总管。（《藏汉》1680 页）

238. “特沃（མཐའ་འོག）”——色拉寺的护法神殿。

239. 隆子（ལྷུན་རྩེ）——县名。唐代译作隆孜、隆次、聂；清代译作仑则、仑次、仑孜。在西藏自治区南部。（《藏汉》3108 页）

240. 阿沛（ང་ཕོད་）——大贵族。

241. 孜康（རྩིས་ཁང）——西藏地方政府核算实物地租、劳役地租等财政收支的机关。设四品孜本四人，会计员四人，档案员一人，见习生八人。（《藏汉》2221 页）

孜康是西藏地方政府时，在大昭寺四方的息、增、怀、伏四机关中的增之机关“孜康斯喜平措”。此机关是七世达赖喇嘛时期新设的地方政府中犹如四个外顶梁柱（据夏扎嘎丹班觉所说，四个内顶梁柱为“四秘书长”、四个外顶梁柱为“四孜本”）的机关，也是俗官的总机关。此机关上下有：三个孜本（有时加上一个增职共四个）（四品）、三个计算员（小六品）、一个档案员（七品）、十五名左右的孜康学生（在西藏地方政府孜康所办初级学校中学习的贵族子弟，当时俗家官吏必须从这所学校出身）。此机关的职权是：俗官公职人员起初加入孜康学生行列时，调查是否属于仲科世袭；立下无可辩驳氏族公约（按照不是仲科世袭的不能任公职的规矩）；加入孜康学生行列的人员，经培训书算达到水平者，作为正式公职人员进行推荐；为考核男子技能，每三四年安排表现仲科技能活动；除担任噶伦职务外，其余各仲科名下注明各自的年龄、公职年份、任何职务，报送孜噶、雪噶和噶厦“俗官名册”；日常严格俗官们的纪律；推荐派往各宗谿的司库、收仓员、收租员等收税人员，同噶厦共商确定人选；按收入账册结算每年各宗谿的收入，排列种收比例等次进行奖励；按照噶厦的指示，为重大事务召开仲孜联席会议提出建议；组织领导扩大会议和精干会议等。按照上述管理人员的各自职权的使用，孜本指挥并执行上述有关孜康的职权，三个计算员在孜本的指挥下，日常对孜康学生进行培训，从氐宿月资金和仲基（全体公职人员）资金放债利息中，安排支出每年氐宿月十五日为各个镇肢镇节寺庙的祭祀开销，从仲基资金的利息中安排支出新添公用品的开销和夏令欢宴开销的补充。另外，审查收租、新征税收、粮息管理等的登记账册和明细，上报噶厦审批盖印；按照各宗谿新造税收官斗和官升须报到孜康计量的惯例，衡量与在孜康的官家斗升标准并加盖孜康官印等是计算员职权。档案员有保管各宗谿的税收收入各账本、庚寅清册等各政教贵族的地房人三类归属明细文挡的职权。（《东噶》1697—1698页）

“译仓”和“孜康”（“译仓列空”的四位“仲译钦莫”称“四个内顶梁柱”和“孜康”的四位“孜本”称“四个外顶梁柱”之美称）是西藏地方政府的决策机关，对地方政府的整个政务起着举足轻重的作用。噶伦、仲译钦莫、孜本组成噶厦官员会议办理政务；遇有重大事件，受噶厦委托亦可召开“仲孜八联”会议（四位仲译钦莫和四位孜本联席会议）；召开“仲孜八联扩大会议”时也由“四仲四孜”（四位仲译钦莫和四位孜本）主持会议，参加会议的还有三大寺的代表：即哲蚌寺七个扎仓（即：罗塞林、果芒、阿巴、德阳、夏郭、且巴、堆瓦）的七名在位堪布和所有堪苏（卸任堪布），色拉寺四个扎仓（即：吉、麦、阿巴、堆巴）的四名在位堪布，甘丹寺常驻拉萨两名（夏孜、强孜）全权堪布代表。这种“仲孜八联扩大会议”的记录只许由“仲译钦莫”或“孜本”中文才较好者担任，其他任何一人都没有权力担任记录。记录时先记在“桑扎”（སམ་ཏ，粉简。匀涂粉末代替稿纸、信札和习字板的一种小薄木板。）

上，取得一致意见形成纪要后，再誊写到纸上上报噶厦。若噶厦对形成的意见有不同看法，只能提出再议的请求，无权直接推翻。（十三世达赖喇嘛时期，发生过被推翻的情况。）取得一致意见的“纪要”上要加盖四枚印章：即哲蚌寺、色拉寺、甘丹寺和“仲基（孜仲和仲科基巴）”（དྲུང་སྤྱི）等；特别重要的，要加盖六枚印章：即除了上述四枚外，还要加盖“噶厦”和“基巧堪布”的两枚印章。（夏扎·噶丹班觉 1999 年 7 月口述）

242. 格杰巴（དགེ་རྒྱས་པ）——贵族。

243. 雪协琼巴（ཞོལ་ཤེ་ཆུང་པ）——“雪”地的饲养母畜者。

244. 萨旺（ས་དབང）——人王，地主。西藏地方政府时期对噶伦的敬称。

245. 绕赛（རབ་གསལ）——向阳大窗户房。（《藏汉》2666 页）

246. 德庆（བདེ་ཆེན）——地名。西藏拉萨市达孜县所在地。（《藏汉》1366 页）

247. 渡口（གྲུ་ཁ）——此渡口原在拉萨大桥以东“仙卡”。

248. 堪囊（མཁན་ནང）——西藏地方政府派驻边境负责守望的僧俗官吏。僧官称“堪布”，俗官称“囊索”。（《藏汉》296 页）

249. 汉规熄灯鸣枪（རྒྱའི་ཞལ་བརྙ་ཕྱི་མ）——旧时，按照汉规每晚鸣枪为熄灯信号。

250. 囊索（ནང་སོ）——“强佐”总管的货物。

251. 帕拉（ཕ་ལྷ）——贵族人家，帕觉拉康的简称。

252. 原却本堪布（མཆོད་དཔོན་མཁན་རྙིང）——却本堪布即供祀官。此处指原来的掌理达赖喇嘛祭祀供品事务者。（《藏汉》857页）

253. 帕里（ཕག་རི）——西藏亚东县辖一城镇名。海拔4200米，有"世界第一高城"之称。（《藏汉》1701页）

254. 夏日大祭卫教战神主——乃琼护法大神（བསྟན་སྲུང་དགྲ་ལྷའི་གཙོ་བོ་གནས་ཆུང་ཆོས་སྐྱོང་ཆེན་པོ）：西藏地方政府所供奉的护法神（《藏汉》1545页）

255. 噶东（དགའ་གདོང）——位于堆龙德庆县所在地，此处也有藏政府供奉的护法神。

256. 格西噶钦（དགེ་བཤེས་དཀའ་ཆེན）——后藏扎什伦布寺中精通格鲁派必修的五部佛典，经过辩论考试的格西。（《藏汉》50页）

257. 索尼（བསོད་ཉིད）：一种次等哈达。

258. 尼勋林卡（ཉི་གཞོན་གླིང་ཁ）：拉萨林聚南路南面的林卡。

259. 门钟达雄（སྨོན་གྲོང་སྟག་གཞུང）——一地名。

260. 南木林（རྣམ་གླིང）——县名，又称响朗林。清代译作朗林。在后藏日喀则东北，雅鲁藏布江北岸。（《藏汉》1564页）

261. 赡州烟祭节（འཛམ་གླིང་སྤྱི་བསང་། 林卡节）——藏历每年五月十五日在拉萨市郊园林间举行的游园活动的节日，俗称林卡节。

四大供养之一。（《藏汉》2342 页）

藏历五月十五日主要在西藏前后藏地区，有过“赡州烟祭节”习俗。相传是莲花金刚师尊用法力制伏西藏的所有鬼神，为促使桑耶竣工的酬谢，在海波山顶广泛举行贶仪祭祀煨桑，和继承牟尼赞普为三大古寺（大昭寺、昌珠寺、桑耶寺）创立三藏（经藏、律藏、论藏）供养之一拉萨大昭寺供养日的纪念。在当月上旬某个良辰吉日，地方政府隆重举行“夏供”，祭祀供养乃穷护法大神和嘎东星恰坚等官方护法神之日，布达拉宫代表堪钦和译仓为护法大神进行加盖内宫印的问卜、敬献哈达，噶伦为首所有俗官前来敬献哈达和茶新、酒新，聆听佛教政治的占卜预言后，政府公职人员返回。“夏供”结束后，有各个部门为庆贺举办三至五天的欢庆之俗。此时，拉萨地区正是天气转暖、树木茂盛、鲜花盛开、进入雨季，悦耳的布谷鸟叫，农忙过去新鲜食品上市等的季节，市区各个林卡里人们搭起帐篷或围着布帷，沉浸在夏令欢宴的美食佳肴和欢快的歌舞之中，有的在林卡里住宿十几天。特别是十五日拉萨各自系统供养各自神像，盛装前往吉祥天母角楼、河边、林廓、山顶等敬供所有天神和护法神，在拉萨近郊各林卡里欢聚游园。还有城市东面的噶玛夏林卡里的帐篷内，对噶玛夏护法神和护尸地祇庙堂护法神附体，神属人（对二神祭祀供养团体）敬献酒新、歌唱等，举行大聚会。另外，在市区的地祇庙堂聚集各自的神属人，举行神灵

降临活动，其中在塔柏林地祇庙堂为战神等七位护法神灵降临，也跳神舞。（《东噶》1765—1766 页）

262. 郭仓（ཀོ་ཚང）——地名。

263. 恰秀甲本（ཅྱ་（ཇ་）ཤོག་རྒྱ་དཔོན）——可能是按藏文字母顺序编排的藏军七连长。

264. 夏季拜见（དབྱར་མཇལ）——夏谒。此处是按惯例夏季萨迦派人拜见噶厦。

旧时，布达拉宫学校的学生有在夏季五月拜见达赖喇嘛的惯例。（《藏汉》1953 页）“孜文化学校”（僧官学校）是 1754 年（藏历第十三饶迥木狗年）由七世达赖喇嘛格桑嘉措创建的。该校有选任一名书法僧官教师，即从敏珠林寺僧人中选任一名精通梵文、乌尔都文、恰译师藏文新体、郭译师藏文新体等文种和语言学、诗镜、声律、《三十颂》《音势论》、阴阳历算的教师之规。学生主要从哲蚌寺、色拉寺、甘丹寺、木如寺、喜德寺及各小寺和在职僧官徒弟中选送（从各寺选送的僧人叫“雄巴”，其意为“公派”；从在职僧官徒弟中选送的叫“给巴”，其意为“私派”）。并由该校老师挑选品德优良和聪慧者约 50 名，报译仓列空批准录取。毕业后，根据在校的时间和学习成绩等情况，经过推荐，由译仓列空负责考试提名，报经基巧堪布，把考卷和本人带至达赖喇嘛面前，由达赖喇嘛或摄政王亲自过目考卷和面试后，在被推荐的学生（被推荐的学生数量说法不一，一种说法是推荐三名，另一种说法是推荐正式两名和后备两名共计四名）名下画圈（用红颜色画一个桃形圆点）。一般情况下批准两名为僧官，但也有特殊的时候。被批准的也可能是正式的，也可能是后备的，这就看达赖喇嘛或摄政王意了。

批准僧官任命在通常情况下每年进行三次。这也就是每年藏历元月初一、三月初八、十月二十五日这三天中任命。除了以上三次外，在特殊的重大仪式和活动时也有增任的。

对批准任命的僧官，由卓尼钦莫宣布并进行受令指教。被任命的僧官要同“译仓”订立一个公约（ཁྲིམས་ཀན），类似保证书。被批准任命为僧官的，是属于一般僧官，没有品级，任职后才有品级。凡僧官最低是七品官的说法是不确切的。

凡是僧官都与本人曾担任僧官前入寺的寺院扎仓相挂钩的。所有僧官都享受本人曾所在寺院扎仓的布施份额。根据“木龙年（1904）僧官名录”，在一般和中等僧官名字前须带自己所属寺院扎仓的名称，如：夏孜仁钦达瓦，色阿（色拉寺阿巴扎仓）洛桑凯巧等。（夏扎·噶丹班觉和单真主扎口述）

265. 萨迦（ས་སྐྱ）——县名。在西藏自治区日喀则的西南方。（《藏汉》2888 页）此处的萨迦是萨迦教派。11 世纪中，款·衮却杰波首建萨迦寺，创立以道果论为法要的藏传佛教一派系名。后经萨钦等五代祖师弘扬，兼有僧俗两系传承。至 13 世纪萨班、八思巴叔侄与蒙古皇帝缔结法缘，萨迦法王因以统治全藏。百余年间秉承皇旨，法王兴作法事，颁布政令，本钦等则执行政令，至 14 世纪中叶失去政权。（《藏汉》2889 页）

266. 德庆曲科（བདེ་ཆོས）——修建贡嘎金刚座者土登贡嘎朗杰修建的隐居之地德庆曲科是竹巴噶举派寺庙。现今位于西藏山南贡嘎县吉雄乡西南 16 公里处。（《西藏部分寺庙简介》113 页）

竹巴噶举是公元 13 世纪中，由领热巴和藏巴甲热等发展出的藏传佛教噶举派，分上中下三系。中竹巴系甲热氏族中传出，下竹巴系洛热巴师弟传出，上竹巴系郭仓巴师弟传出，均以前藏朗木地方的竹寺为祖庙。（《藏汉》2002 页）

267. 竹巴采希（དྲུག་པ་ཚེས་བཞི། 六四转山会）：前藏地区一佛教节日。藏历六月初四日，为释迦牟尼转四谛法轮之期，拉萨市民多于是日前往附近山寺巡礼朝贡。（《藏汉》1333 页）

释迦牟尼成佛后第四十九天，在波罗奈斯的仙人坠落野兽林中，为纪念全知阿若·憍陈那、马胜比丘、婆沙波、明钦、跋提犁迦等五比丘初转四谛法轮，许多市民前往拉萨周围山中朝圣；返回时，青年男女有带着刺蘗果和野桃串珠，在扎细林卡等处歇息后，路经小昭寺唱着藏戏和歌曲的习俗。（《东噶》1121 页）

268. 萨嘎（ས་དགའ）——旧译撒嘎。县名。在西藏西南部，雅鲁藏布江上游。（《藏汉》2894 页）

269. 纳木错（གནམ་མཚོ）——湖名。蒙古语称腾格里海。在西藏拉萨市以北当雄、班戈两县之间，有波曲等水注入，面积 1993 平方公里。为西藏第一大湖。（《藏汉》1540—1541 页）

全藏有名的四大湖之一。也称纳木错丘莫。此湖面积为 1993 平方公里，据传，骑马漫步行走湖一周需 11 天，是西藏产盐最多的湖之一；湖的形状西头面积大、东头面积小，犹如勺子。（《东噶》1229 页）

270. 乃穷夏供（གནས་ཆུང་དབྱར་གསོལ）——五月上旬某个良辰吉日，地方政府会隆重举行“夏供”，祭祀供养乃穷护法大神和嘎东星恰坚等官方护法神之日，布达拉宫代表堪钦和译仓为护法大神进行加盖内宫印的问卜、敬献哈达，噶伦为首所有俗官前来敬献哈达和茶新、酒新，聆听佛教政治的占卜预言后，政府公职人员返回。“夏供”结束后，有各个部门为庆贺举办三至五天的欢庆之俗。（《东噶》1765—1766 页）

271. 准仲夏令欢宴（མགྲོན་དྲུང་དབྱར་སྐྱིད）——传达官和书记员的夏令惯例欢宴。

272. 协尔邦（བཤེར་དཔང）——检察长，审判官。诉讼公断人或中证人。（《藏汉》2884 页）

273. 赤门少爷（ཁྲི་སྨོན་སྲས）——赤门贵族的少爷。

274. “归卡（རྒོད་ཁག）”——母马群基地。

275. 热振活佛（ར་སྒྲེང་སྤྲུལ་སྐུ）——热振，寺庙名。是噶当派的第一座寺庙。为开创教派者种敦巴所倡建。至1738年七世达赖将其赠给自己的老师甘丹赤巴阿旺乔登。从此，阿旺之历代转世皆称“热振活佛”。（《藏汉》2730—2731页）

热振寺是藏历第一饶迴火鸡年（1057）觉沃杰·阿底峡弟子种敦巴·杰瓦穷乃始建的（现今位于西藏自治区林周县培多区）。在该寺种敦巴建立基地弘扬的佛法传承教派称噶当巴。此前，觉沃杰在聂唐圆寂之时对弟子们教诲许多遗嘱的最后，对种敦巴则赐给了觉沃自己的誓言缘能仁王佛、密集妙金刚金佛像、降言度母、观世音画像、汉文经书数卷、喇嘛瑟林巴的银伞灵塔等后，“记住永存佛法，取决于寺庙，你建造一所具有这些佛像的寺庙，开设僧团的教导。”觉沃杰圆寂后的次年，种敦巴按照热振地主祥·昌噶培琼的邀请，对此地进行了考察后，认为此地条件相当优良。以祥·昌噶培琼地主捐赠，起初兴建了两个柱子面积的宫殿宝顶，然后修建了上述寺庙：即从西往东依次修建了觉沃杰的及门弟子大瑜伽班丹衮巴瓦、瑜伽者强巴洛追、瑜伽者西绕多吉等的寝宫；称为龙王的牛龙宫殿顶上修建了种敦巴自己的寝宫。后来修建热振寺的次年修建了鹏头庙，此庙四边各两个柱子共计八个柱子、四角各一个柱子、中间两个柱子，总共有十四个柱子。柱子中间用木板和小木堵塞并用泥糊上，顶层是汉式金顶。此庙竣工后，说余下的会有人做的。之后停工进行开光。此后过了八年，木龙年（1064）种敦巴在飞檐下修建了一百零八座佛塔和寺庙背后修建了一百零八座佛塔，这些佛塔都装有用觉沃杰骨灰作的擦擦和种敦巴自己的一颗佛珠。种敦巴圆寂后不久，杰巴官和苏喀曲扎等许多信徒当施主在二柱顶屋西侧修建了两层朝南十六柱僧财屋。二柱顶屋修建后，过了九十二年的藏历第二饶迴土龙年（1158），祥·威觉瓦来到热振寺护养了十二年。此间，祥·昌噶培琼的重孙斯吴勋崔官当施主修建了二十四柱顶屋，所需所有木材，从那雪噶荣运来。此后，祥·威觉瓦弟子元·尊追多吉当施主修建了四柱顶屋。藏历第四饶迴铁鼠年（1240）蒙古军队来到西藏，烧毁彭波杰庙等许多寺庙时，热振寺的大部分佛像、佛经及佛塔被烧毁，普遍流传觉沃·妙金刚、降言度母、喇嘛瑟林巴的大小银伞灵塔、汉文经书数卷、誓言阎魔敌唐卡等毫无损毁。藏历第四饶迴铁兔年（1231）恰当·仁钦桑布、江央仁钦扎维修新建寺庙。藏历第十一饶迴铁虎年（1650）五世达赖喇嘛兴建了八十柱佛殿和顶层大小两个汉式金顶及七十多间僧舍，僧人发展到三百多，为寺庙庄园赠与了十二个百姓部落的所有权。过去西藏地方政府建立开始，把热振寺归入政府供养的寺庙。第五十四任甘丹赤巴阿旺乔丹长期担任第七世达赖喇嘛格桑嘉措的经师，按照他圆寂前夕的请求，藏历第十二饶迴土羊年（1739）第七世达赖喇嘛把热振寺赠与他私有。他圆寂后，清朝嘉庆二十年即藏历第十四饶迥木猪年（1815）嘉庆皇帝再次把热振寺赠与赤钦·丹巴绕杰，永久归属于历任呼图克图，从此历代赤钦得名“热振活佛”。该寺存有阿底峡自己减灾时绘的画像、背文是格西纳措译师所著觉沃传记八十赞（即普遍称为“画像吴元玛”），觉沃杰誓言缘、觉沃·妙金刚等许多珍贵文物。热振寺志记载：过去热振寺有千余僧舍、五十几个神奇的铸成缘、三千六百幅唐卡、千万卷佛经、七百七十五个灵塔。（《东噶》1961—1963页）

276. 小五明（རིག་ཆུང）——小五明：修辞学、辞藻学、韵律学、戏剧学和星相学。大五明：工艺学、医学、声律学、正理学、佛学。旧译工巧明、医方明、声明、因明和内明。（《藏汉》2682页）

277. 拉萨河（སྐྱིད་ཆུ）——吉曲。唐书称为逻娑川。因流经拉萨市郊，故又名拉萨河。源出念青唐古拉南麓，经墨竹工卡、达孜、澎波、堆龙等地，于曲水县流入雅鲁藏布江。（《藏汉》146页）

278. 卡尔林卡（གར་སྒྲིང）——达赖的宫廷乐舞队的林卡。原位于布达拉宫前面，现自治区宣传部所在地。

279. 乃东（སྣེ་གདོང）——县名。清代称奈布东城。在西藏南部雅鲁藏布江和雅拉香波曲（雅隆河）汇流处。（《藏汉》1598页）

280. 沃喀（འོལ་ཁ）——前藏山南地区一地名。（《藏汉》2536页）

281. 藏戏（ལྷ་མོ）——藏族歌舞剧。西藏著名噶举派成道铁桥者或称唐东杰波者为克服西藏地方交通困难，主张修建十多座铁桥，在筹措所需铁等经费时，指挥山南地方七姊妹（两女扮猎人、四女扮仙女、一女奏乐、成道者自己敲鼓），形成第一个藏戏团体。由此获得的物品修建了五十八座铁桥，从此藏戏团体逐渐增多。到了18世纪时，在藏较有名气的藏戏团体有：觉摩隆巴、江喀瓦、香巴、迥巴、直贡巴等。布达拉的红宫竣工加持典礼那天，藏戏团体表演《诺桑王子》剧目，记载在第司桑结嘉措所著《金塔一庄严志》中。（《东噶》1841页）

八大藏戏：《诺桑王子》、《文成公主和赤尊公主》、《白玛文巴》、《赤美更登》、《卓娃桑姆》、《顿月和顿珠》、《苏吉尼玛》和《朗萨雯蚌》。（引自《八大传统藏戏》目录）

因雪顿节也称藏戏节，这里再简要介绍一下雪顿节。五世达赖喇嘛时期于雪顿那天西藏的扎西雪巴（藏戏的一种）、卓巴（舞者）、协容（曲水县地名）野牛舞者来到哲蚌寺，在甘丹颇章前表演歌舞藏戏。这是在哲蚌大展佛面前，为迎接新旧协俄（铁棒喇嘛）接替的庆祝。十一世达赖喇嘛克珠嘉措11岁第十四饶迥土鸡年（1849）时，在罗布林卡格桑颇章背后兴修吾亚寝宫，从此形成夏季下榻罗布林卡的习俗。雪顿节的同时，形成由当时颇有名气的藏戏团体在格桑颇章东面的平台上表演惯例，这样西藏藏戏团体越来越多，甚至形成了在寺庙利用夏安休假期，由年轻喇嘛表演藏戏的例规。特别是第穆活佛担任摄政时期更是重视此项活动，木如寺僧人继承传统藏戏并主演诺桑王子的同时，穿插的节目中毫无掩饰地表演社会上的高至噶伦官员、县官、豁堆商人、寺庙协俄，低至乞丐实际行为的艺术和内容。十三世达赖喇嘛亲政后，为发扬光大西藏有名气的藏戏和歌舞团体的艺术，招集所有在前后藏和山南的藏戏团体、卓巴协玛（西藏地方政府当达赖喇嘛亲政庆贺大典时的舞蹈者和歌手）、协容野牛舞者等，命令每年雪顿节期间在罗布林卡献演，要求保持各个表演艺术特点，并亲自观看演出。从此，雪顿节成为一个西藏的文艺节日，形成每年藏历七月过雪顿节的习俗。藏历六月二十九日由穷结七姊妹、雅砻扎西雪巴、尼木恰果瓦、吞巴瓦、浪子瓦、仁布县杰卡曲宗巴、昂仁县迥日乌齐、南木林县香章扎西孜巴、拉萨觉摩隆巴、曲水县协容野牛舞等，首先在布达拉宫，然后在罗布林卡，下午在哲蚌颇章藏戏歌舞献演。藏历六月三十日早上在哲蚌寺西面山坡上以释迦牟尼为主尊的大唐卡展佛和传召大法会的新旧协俄交接仪式时，很多民众前来瞻仰展佛。雅砻扎西雪巴等藏戏团体在佛前献演藏戏后，在桑罗康村等地整天演出。这一天，在色拉寺大殿门楼前展佛时，噶玛夏（是拉萨东面的一个房名，以前这里居住过几世噶玛巴而得名噶玛夏。后因一事变归色拉寺拉吉。这里有一座恰赤坚吉护法神附体的大殿，以房名取名为护法神而得噶玛夏护法神。在藏民间传说中噶玛夏护法神是拉萨大昭寺的守卫者和地主，因此只要是拉萨人就得供这一护法神。但是，由于这一护法神的主供者是负尸会和操琴会，在传说中也说噶玛夏是乞丐神。早先这一护法神在地方政府中没有职位，但20世纪30年代取得了六品职位。）（《东噶》41—42页）的护法神附体明白显示每年的年景，负尸会、巡逻员等跳儿童、男女、骷髅羌姆舞。下午，把嘎玛夏护法神的神衣模拟像扶上马后，发神人及随从骑马列队，前面负尸人手持明白显示的物品返回拉萨。

藏历七月一日藏戏团体在罗布林卡献演相对完整一点的藏戏，嘎玛夏舞者表演羌姆。

从那天以后，四天中在罗布林由卡杰卡曲宗巴、迥日乌齐、香章扎西孜巴、觉摩隆巴等藏戏团体每天表演一出藏戏。在藏历十五日雪巴列空请演藏戏后，在拉萨林廓圈内不准表演藏戏。这以前，罗布林卡雪顿节结束之后，市区的各大贵族、各大拉让请演藏戏。雪顿节期间，很多拉萨市民和郊区农民有聚会观看的习俗，但色拉寺和哲蚌寺处于夏安居，僧人不允许去观看。上述藏戏表演者们因属支差性质，所以每年按规定从遥远处翻山越岭，在藏历六月二十日左右，必须向孜恰列空报到。（《东噶》1800—1802页）

282. 吉采鲁定（སྐྱིད་ཚལ་ཀླུ་སྡིང）——称接官亭。原重要人物的接送地点。

283. 堆龙岗地（སྟོད་ལུང་སྒང）——地名。堆龙德庆县岗村。

284. 容门（རོང་མོན）——地名。峡谷"门隅"地区。在西藏自治区山南地区所属错那县境内。17 世纪，我国西藏地方政府已开始对此地行使管辖权，六世达赖喇嘛仓央嘉措即生于门隅地区的邬坚岭。（《藏汉》2124 页）

285. 南部门巴人（ལྷོ་མོན་པ）——我国少数民族之一，居住在今西藏错那县门隅及其邻近地区，生产以农业为主，附带进行狩猎和简单手工业；虽别有门巴语，藏族语文甚为流行，信奉藏传佛教。（《藏汉》2123 页）

286. 谿卡更波（གཞིས་རྒན）——旧时在庄园，传达差役通知或直接分派乌拉差役的头人。有世袭的，也有轮任：在职更波，现任差头。（《藏汉》523 页）

287. 朗孜夏（སྣང་ཞག）——西藏地方政府时代，维持旧拉萨环城路以内市区治安和行使法律的机关。以其所在地是贵族朗孜瓦的住宅，故名。（《藏汉》1591—1592 页）

西藏地方政府时期，最初拉萨和雪区都可能由雪巴列空管理，因为在《颇罗鼐传》中记载有拉（拉萨）雪（雪区）之事领头人阿沛·洛桑，所以朗孜夏是以后建立的。西藏地方政府的纲领《噶厦条例》里记载有五品朗孜夏二米本。朗孜夏列空的管辖范围是，在林廓东路至南林廓路以北、西宇妥桥以东、北林廓路以南的市区。朗孜夏列空位于拉萨大昭寺外北侧，朗孜夏是房名。这里有两名米本（市民监）、一名秘书、两名管理员、一名房管员、一名警察军营的连长、二十名巡逻员、一名狱卒。负尸会头人领导负尸会人和“毕东瓦（比负尸会人低一等）”。此列空的主要职责是：拉萨市区的立法、治安管理、由分地段巡逻员及时汇报本地段发生的情况；在重要地段，由一名警察日夜巡逻，负责监督安全和卫生；人命重大案件，由米本向噶厦请示汇报，小案件由布朗孜夏处理；还有拉萨市区九十户经营青稞酒者的规定税收交公。朗孜夏秘书担任拉萨部落头人。拉萨市区若要兴建房屋，须向拉萨涅仓列空报告登记等。上述朗孜夏的范围内和雪巴列空范围内的市区百姓的人头归属，虽难以区分，但实际上普通百姓（除公职僧俗的正式男女家人和僧人外）都要归属于政府、寺庙、贵族之一，领取证明，每年按规定缴纳人头税，成为人主归属，若他人侮慢，也要归属领主负责。但是，一人只能依靠一领主归属。（《东噶》1259—1260页）

288. 拉萨望果（ལྷ་ས་འོང་སྐོར）——每年藏历七月的某一吉日是拉萨望果节。西藏地方政府时期，在拉萨两名米本、拉萨涅仓瓦、香灯师长等的带领下，迎请释迦牟尼的御衣。在望果节那天，惯例是：男女老少农民身着盛装，防御冰雹的“拉堆巴”手持“九宫八卦图”带领马队，父母双全的两名男女骑马手持“彩箭”，背着一卷“大藏经”的人们，列队围着田间转等等。惯例活动上午全部结束后，到田地旁草坪上搭起的帐篷里，吃喝玩乐。天快黑时煨桑并祈愿善神得胜。第二天，按规定拉萨二米本、涅仓瓦、拉堆巴和豁

卡头人代表要到罗布林卡献当年的庄稼样本。（《东噶》1862 页）

289. 澄水星（སྐར་མ་རི་ཤི། 沐浴节）——藏历书中说此星半年昼出，半年夜出。前藏地方于藏历七月三十日至八月初二日间肉眼能见。传说经过此一星光照射之水，均成药水。藏俗“沐浴节”即起源于此。（《藏汉》115 页）

出现“澄水星”时的水质优良的传说很多。也就是说，水的性质不仅具有凉爽、轻柔、清澈、可口、无味等的特性，而且具有湿润、解渴、解热等性能。关于水的性能，按照先辈贤者：“七种水质优良之，在于那种水源也”的定论，根据水的根源，有地点和季节区分。首先，地点的区分：湿润地、盐碱地、沼泽地、毒树森林地、风和日照少的地产生的水称之为“劣质水”；与此相反的地，朝阳、干净、阳光充足地产生的水称之为“优质水”。在藏医理论中，根据雨水、雪水、河水、泉水、井水、盐碱水、树水等各自的地理位置，把水质优劣分为很多种。其次，关于季节的区分，犹如我们的先辈们所云：“春水劣，秋水优”，如今也是如此。也就是说，到了春季，冬季积攒下来的不干净的雪土，春风掀起，卷土飞扬，地上和海上的蒸气形成雨水，降至地面而融入水中，出来的水也粗重、味大、烧了泡多、喝了伤胃、游了上身等害处，因此，称为“春水劣”；冬春两季积攒下来的所有不干净的空气，由于夏季的阳光、和风、细雨，再三平息，到了秋季空气逐渐干净，雨水和生水轻柔、清澈、烧了无泡、喝了不伤胃等的优点，因此，称为“秋水优”。按照星算学，对于“秋水”，先辈们掌握一定的时限，主要是以星为标志，分水的优劣，四季也是这样分的。如：心宿和尾宿过夜的夏季，暴雨水混，不可游水；觜宿和鬼宿过夜的冬至节气，因水冰冷，不可游水；仲秋之月南山顶上升起澄水星时，视为水质清澈、水温适度，此时西藏农牧民有下水洗澡等的习俗。过去卫藏地区藏历八月初开始，进行澄水星的夏坐休沐娱乐。罗布林卡的夏坐休沐，没有群众参加的惯例。各寺庙的夏坐休沐，群众去观看藏戏表演等活动，大多数市民到河边洗澡洗衣等。此季节，因为年轻人喜欢放风筝，也称“风筝季节”，在拉萨地区不到八月，不允许放风筝。澄水星光照耀下使水草变优良的传说在星算书籍中称为“仙人澄水”，……因为黎明从南前方出现的澄水星是由澄清宝形成的星宿，它的光耀照射水中，在七夜中所有水，变为八功德水，所以此间洗澡就会洗净所有邪气和污垢；这也是来自于先辈仙人的祈祷。（《东噶》220—221 页）

290. 巧增（ཆབ་སྙིང）——意为水池，一林卡名。

291. 朗杰扎仓（རྣམ་རྒྱལ་གྲྭ་ཚང）——第十饶迥木狗年（1574）蒙古土默特部首领俺答汗迎请第三世达赖喇嘛索南嘉措至蒙古，1577 年索南嘉措动身时，从曲水的“盼德列协”阿巴扎仓寺带走约二十名僧人，让他们每天念诵尊胜佛母的“寿圣”经并取名为“朗杰扎仓”。清雍正年间，当时西藏地方执政者康济鼐·琐南杰波将在布达拉宫朗杰扎仓的僧人们迁至泽当哦坚林，从下密院增收一些僧人，新建以格鲁派为主的朗杰扎仓。因属政府，寺主由“译仓”担当。第十六饶迴时有125名僧人。详见第司桑结嘉措所著《黄琉璃》和《颇罗鼐传》等。（《东噶》1242页）朗杰扎仓僧人有七品官待遇。（单真主扎先生）

292. 夏坐休沐（ཆབ་ཞུགས）——佛教徒在进行夏令欢宴安居的长期宗教活动之后安排的休假宴会。（《藏汉》788页）

293. 日喀则（གཞིས་རྩེ）——（1）县名。元时称三竹节寨。在西藏后藏地区，年楚河和雅鲁藏布江汇流于其境。（2）市名（现今）。辖区有：日喀则、南木林、定结、萨迦、拉孜、定日、聂拉木、吉隆、谢通门、昂仁、仲巴、江孜、康马、仁布、亚东、白朗、岗巴、萨嘎等十八个县。（《藏汉》2423页）

294. 达尔汗（དར་ཧན）蒙古语，大汗。古代蒙古最高统治者称号。（《藏汉》1253页）

295. “替里（ཐེ་ལི）”——服装名。

296. “菩古”帽（དབུ་ཞྭ་བུར་གུ）——具体不详。

297. 如甲定本（རུ་བརྒྱ་ལྡིང）——如本、甲本、定本三位军官。

298. 类吾齐晓仲（རི་བོ་ཆེ་ཞབས་དྲུང）——类乌齐为县名。在西藏东北部，与青海省连境。（《藏汉》2676页）晓仲（1）侍从喇嘛，

大活佛的近侍。（2）晓仲为侍从活佛。旧时音译沙布隆，大活佛侍从僧徒的转世活佛。（《藏汉》2375页）

299. 波密（སྤོ་བོ）——县名。在西藏东部的帕隆藏布和易贡藏布流域。（《藏汉》1664页）

300. 酋冲温泉（ཇོ་གྲོང་ཆུ་ཚ）——可能是如今所说的亚东“康普”温泉。

301. 策觉林（ཚེ་བཅོག་གླིང）——位于拉萨河南面赤布村。全称策觉桑丹林。第十三饶迥火羊年（1787）廓尔喀侵略军抢劫聂拉木、绒辖、吉隆时，因吉隆桑丹林的僧人在吉隆无法生存，来到拉萨向第八世达赖喇嘛江白嘉措的经师倾诉苦衷，经师给他们讲完经后，让他们随意而去。第八世达赖喇嘛说，我请来你们的师傅，不能让学僧随意而去，在拉萨周围合适之地建寺。噶钦仁波切从布达拉宫查看时发现拉萨河南面“赤布”之地，于是土鸡年（1789）建“赤布策觉林”。此寺为格鲁派，僧人108名，寺主管为策觉林拉让。策觉林东面山坡上的“宗赞宫堡”神殿里有“赤布宗赞”模拟像等；南面山坡上“赤布普陀山”，即大悲观世音神殿。赤布的深沟里有个叫“噶木隆”的岩洞，据传此岩洞里，曾有8世纪“拉隆白朵”修行的历史，还有许多岩画。（《东噶》564页）

302. 察雅（བྲག་ཡབ）——县名。在西藏东部，澜沧江上游。（《藏汉》1900页）

303. 堪穷（མཁན་ཆུང）——西藏地方政府四品僧官职位名。（《藏汉》295 页）

304. 炉霍（བྲག་འགོ）——县名。在四川省甘孜藏族自治州北部。（《藏汉》1898 页）

305. 佐巴（མཛོད་པ）——司库或管家。

306. 次康（འཚོར་ཁང）——客房。

307. 推地（དོལ）——དྭོ་རྫོང་། 多宗，多瓦宗，西藏洛扎县旧名。（《藏汉》1313 页）

308. 其东（ཆེ་ལྷུམ）——地名，八廓街东南角“夏加仁”旁。

309. “夏加仁（ཤར་སྐྱ་རིངས）”——经幡。位于八廓街东南角。

310. 帕角（བར་ལྕོག）——中等茶几。

311. 桑噶酥饼（སང་སྤག）——此酥饼制作方法，从尼泊尔传入。

312. 法王宝（ཇེ་རིན）——大宝师尊。佛教徒对各自教派中所尊崇的高僧的敬称。（《藏汉》912 页）

313. 二十二日——每年藏历九月二十二日为降神节，系释迦牟尼佛生母摩耶夫人原投胎于天界，释迦牟尼承诺前往三十三处天界讲经，因胜光王十分想念释迦牟尼，请求目楗连后代下凡人间，释迦牟尼佛等神人，通过神通的阶梯降之迦尸城圣地的节日。为此藏历九月初开始，为布达拉宫和各寺庙经堂粉刷，市区各住所也粉刷一新及擦拭门窗黑漆等事项必须在二十二日前完成。二十二日当天，藏民们为各寺庙经堂顶礼献供，为僧人供养，为乞丐施舍等。上述元月的神变节、四月的氐宿月、六四转山会、九月的降神节等节也称释迦牟尼四节。（《东噶》2181—2182 页）

314. 夏扎林卡（བཤད་སྒྲའི་གླིང་ཁ）——夏扎公馆的林卡。

315. “加果切（སྒྱུར་སྒོ་ཆེ）”——蒙古语，意为侍卫。指皇帝的使者或仆人，相当于御史员外郎。

316. 红宫(ཕོ་བྲང་དམར་པོ)——布达拉宫的红宫白宫中的红宫。

317. 开光（རབ་གནས）——善住或安神。在智慧坛场中为佛像、灵塔、经典等灌顶，迎神安住的仪轨。（《藏汉》2664 页）

318. 大全佛地祥物（ཞིང་ཁམས་རྒྱ་མཚོའི་བཀོད་པ་སྣེ་འདོགས་ཅན）——是一种佛事用的供物或祭品。（《藏汉》858 页）

319. 噶当灵塔（ཀ་གདམས་གདུང་རྟེན）——为噶当派装有灵骨的佛塔。噶当派旧译迦当派。了知佛语不遗一字悉为修行要诀之教授，故名“噶当”。阿底峡尊者发其宗绪，种敦巴·杰瓦穷乃开其派规，博多瓦、金厄瓦、普穹瓦三昆季宏其流传，朗、夏二师及甲域师等极其繁衍。其流派中最知名者为经典、教授两派，又有别出口诀派为三者。（《藏汉》73 页）

320. 堪钦（མཁན་ཆེན）——西藏地方政府的三品僧官。（《藏汉》295 页）

321. 吉祥天母节（དཔལ་ལྷའི་རི་ཁྲོད་དམ་རི་རབ）——前藏一节日。藏历十月祷祀拉萨大昭寺主要守卫吉祥天母的节日。该月初一起，在拉萨地区各种乞丐较多，并且儿童和各庙的香灯师也以“吉祥天母前酒”的名义要钱。藏历八九日起，在大昭寺吉祥天母角楼，由木如寺全体僧众进行朵马修供。在此之前，公堂喇嘛祥的迪喜所供怒相天母模拟像装饰一新，迎请到大昭寺楼顶吉祥天母门旁的屋檐走廊下，面向南坐视，于其面前供品如云。拉萨人焚香、神饮等敬神，称为“白岁玛（天母供女）”的具有差役性质的由达官贵人负责的十几名祭祀吉祥天母的妇女们，盛装拉萨妇女衣着首饰，在吉祥天母角楼门旁于席中入座；她们也由一名年纪大而较有经验的“翁则（领腔师）”来领头。角楼里面木如寺的僧人们诵经时，白岁玛也一同念诵酬忏托赞等。十四日黎明，将天母模拟像迎请到大昭寺楼上屋檐下，香灯师连同侍浴洗脸；孜恰（布达拉宫强佐）一名长者和固定三面朝阳房的绘画师涂金；布达拉宫差德列空强佐和拉恰各自敬献五种祈祷哈达，敬赠实有金粉等五宝的神饮。噶厦办公后，各位噶伦即刻前来祈祷，随后正式僧俗公职人员和众男女老少盛装踊跃地前来敬献神饮和哈达；木如全体僧人举行隆重祭祀仪轨和摆撒会供朵马之后，从大昭寺坛城中心天坛，向集中在汉式金顶下的朝拜民众抛撒的“如意妙果朵马”，被当作得到的宝物。这天晚上，将怒相天母迎请到释迦牟尼佛像正前方木板地上，与释迦牟尼面对面地供奉。十五日一大早，拉萨主妇们盛装祭祀吉祥天母。太阳出来后，蛙脸天母模拟像路经释迦牟尼佛堂南面各佛殿，迎请到围廊中央，拿下右手的棍棒法器，换上火焰形宝剑。拉让强佐列空敬献哈达。木如寺僧人们盛装在飘幡和引香者的引领下，鼓乐者们戴上尖帽、披上缝有衬垫的半月形大氅，香炉者们戴上尖帽、穿上缎子披肩、带上银子香炉等的队列后面，一个木如寺守戒修念神师，进入吉祥天母模拟像里，在尊前的几名僧人从左右扶持，从释迦牟尼佛堂南面经降香门和围廊，进入拉萨八廓街时，男女民众及尼泊尔和不丹人等敬献哈达。天母背后有一名带着孔雀毛伞的披肩僧人，天母前后有两名带着鳄鱼和狮子面具并穿着羌姆（神舞）服的小僧、四名穿着黑帽并带着鼓的僧人、一名奏乐者，几名谷崩唐的差民穿着白衣服和一层鞋底鞋，背上披着五色彩旗、右手持花纹木棍、左手持盾、面带笑容而白胡须并梳着顶髻的“貌似老人”，周围两名戴白骷髅人和两名小丑等和供奉女，从大昭寺出发，首先到鲁固（现群艺馆的位置）抛驱魔食子，然后在冲赛康平地（如今冲赛康商场）、八廓东街路中、夏扎房院南面等地各抛驱魔食子。这天，恰赤护法神附体于噶玛夏法王跟随天母，在甘丹经杆旁向天母行礼后返回。天母路经的贵族和贵人都敬献神饮和哈达；道路两旁群众拜见并献哈达。返回后，大昭寺围廊长柱南侧，天母大缎像前供奉祭品，天母模拟像朝着释迦牟尼佛堂放置，在此诵完授位经后，模拟像引请到神殿。这天拉萨人的大多数姑娘戴“巴珠”（订婚），这天开始群众穿戴皮质冬装，这天晚饭吃咖喱土豆米饭，也有住在布达拉宫下面的雪地亲朋好友送咖喱土豆米饭的习俗。（《东噶》1298—1300 页）

322. 吉祥天母护法香灯师（དཔལྷ་མགོན་པོ་བ）——吉祥天母是密乘中妙音天母化现忿怒形象的一尊女护法神名。（《藏汉》1630 页）护法香灯师是在护法殿中念经和负看守之责者。（《藏汉》438 页）

323. 恰赤卡（བྱ་ཁྲི་ཁ）——不详。有人说是吉祥天母的名称。

324. 庹（འདོམ）——约合五尺长。平伸两臂之长度。（《藏汉》1422 页）

325. 拉莫五供（ལ་མོ་ལྔ་མཆོད）——甘丹寺山下的拉莫护法神的二十五日供。

326. 吉仲（རྗེ་དྲུང）——大贵族子弟出家后的尊称。（《藏汉》910 页）

327. 甘丹大五供（དགའ་ལྡན་ལྔ་མཆོད་ཆེན་མོ）——即燃灯节，宗喀巴于藏历十月二十五日逝世，藏俗多于是夜燃灯供佛。（《藏汉》438 页）

藏历十月二十五日是宗喀巴大师圆寂日。也就是藏历土猪年（1419）秋季，宗喀巴大师前往堆龙、哲蚌、拉萨、色拉等地讲了很多经，然后返回甘丹，在能仁戒律佛尊前举行盛大祭祀和发愿回向，大氅和帽子赐予上首弟子达玛仁钦，任命其为杰曹（法王）后，于十月二十五日在威色寝宫里屋圆寂。次年藏历铁鼠年（1420）十月二十五日在甘丹寺几百位金刚上师举行依靠密集、胜乐、大威德、喜金刚、时轮、无量寿佛、普明宏光佛等坛城的修供仪轨和圆满隆重地修供逝世的同时，柳梧官长囊喀桑叔侄也在热喀扎请来释迦也失法王，众多僧人隆重供施以来到现在，有了汉藏蒙等僧俗信众勤于“甘丹大五供”的善业，供佛燃灯的惯例。这天在布达拉宫照常举行早朝，并到换冬装时刻，新任僧俗官员拜见等早朝活动结束后，为逝世祭祀，至尊和两位最上怙主经师上坐的仪轨侍从朗杰扎仓僧人和僧俗公职人员前往布达拉宫主供圣者洛迦夏惹（观世音）等历辈前佛的各灵塔殿堂供施；这天布达拉宫下面雪地民众有邀请亲朋好友请客欢聚之俗；晚上，布达拉宫左右拉萨和雪地各寺庙，以及所有人家、三大寺、普遍僧俗寺庙、乡村的露台，有排满酥油灯供佛燃灯之俗。（《东噶》599 页）

328. 冬装（དགུན་ཆས）——西藏地方政府规定藏历十月二十五日官员开始要穿冬服。

329. 燃灯（སྒྲོན་མེ）——夜晚的供佛燃灯。

330. 闭关（བཅད་རྒྱ）——佛教徒闭户修行。（《藏汉》749 页）

331. 大祭吉祥天母（དཔལ་ལྷའི་གཟབ་གསོལ）——大祭大昭寺的吉祥天母。

332. 人参果（གྲོ་མ་གྲོ）——蔷薇科植物，地下茎入药。味甘，性凉，能止热泻。（《藏汉》408 页）

333. 冬至（རྒྱའི་ཉི་བཟློག）——《藏汉》为 དགུན་ཉི་ལྡོག，ཉི་ལྡོག，日至。藏历十一月中期，太阳南行至极，开始回归北行的节气，随即开始数九。（《藏汉》445 页）

334. 贡嘎（གོང་དཀར）——县名。明史译作公哥儿寨。在西藏自治区雅鲁藏布江中游，羊卓雍湖北面。（《藏汉》370 页）

335. 神坐（ལྷ་རྟེན）——神灵凭依的云台等处。（《藏汉》3082 页）

336. 面试（མི་བབས་སྤྱན་ཞུ）——面试人的身材品貌。

337. 加查（རྒྱ་ཚ）——县名。在西藏自治区东南部雅鲁藏布江沿岸。（《藏汉》535 页）

338. 江达（རྒྱ་མདའ）——县名，即工布江达。在西藏自治区工布尼洋河上游。（《藏汉》31 页）

339. 驿站（ས་ཚིགས）——旧时，供传递政府文书的人中途更换马匹或休息住宿的地方。（《藏汉》2904 页）

340. 囊色堪佐（གནམ་གན）——财神库。西藏地方政府设在布达拉宫内的金库，即用此名。（《藏汉》1577 页，此词正字应为 རྣམ་སྲས་གན་མཛོད，日志中用的简写，且将 རྣམ་ 写成 གནམ。）据传，此金库只进不出。

西藏地方政府设在布达拉宫内的宝库。过去历辈达赖喇嘛时期，每年封存金银绸缎茶宝库的出入库，主要由基巧（总）堪布和噶厦集体负责。每年十二月按惯例应由雪涅（雪列空主事）、检察官、朗孜夏、涅仓列空为主的各个列空和香灯师长等负责，需封存的有——贵重金银绸缎：边区和腹地各信众向达赖喇嘛和摄政晋见礼物中按惯例两位孜雪强佐所得外，其余所有金银绸缎；隔年地方政府从两位孜雪强佐所得中，让特命为“多噶官”的布达拉宫内强佐，有带着多麦地区所需氆氇、药材、香等物资到康区采购茶叶、绸缎之惯例，从康区物资中留用布达拉宫所需茶叶、绸缎、汉银外，其余所有茶叶、绸缎、汉银。还有每年堪布管辖的各公房房租章嘎嘎布（白银钱）：藏历第十五绕迥木虎年（1914）衙门机械工房、上亚东罗布措吉的铜钱，后来的纸币厂印铸章嘎嘎布、铜钱、纸币的储备金或作为佣金的大量金银和章嘎嘎布；藏历土马年（1918）设立诺推金币局以来，印铸一个金币折合藏币二十两，在市场通用的差价作为政府佣金；每年汉银银砖、马蹄银锭、金币捆子，索南列空公房、人头税，茶盐列空管理的普遍咸盐、羊毛、牛尾、皮张等的过地税，按惯例收缴的章嘎嘎布。那曲、拉加里、亚东、帕里等关卡收缴的箱茶、茶条、沱茶的茶税上千驮。由噶厦、基巧堪布、仲译钦莫、孜本、达赖喇嘛和摄政代表共同登记并入库。（《东噶》1250—1251页）

341. 朝拜色拉金刚橛(སེ་ར་ཕུར་མཇལ)——宗教节日活动。

藏历十二月二十七日，佛教徒多往色拉寺吉扎仓朝拜马头明王的神怪金刚橛。（《藏汉》2933 页）

每年藏历十二月二十七日，朝拜色拉寺吉扎仓的大吉金刚童子橛的节日，统称“色拉拜橛”。据传，贤者云集的色拉寺吉扎仓的主供，大圆满夫妇马头明王和大吉金刚童子橛两个，是遍知洛追仁钦住在班觉伦布庄园时，智者云丹公布父“你不要离开这个本尊和这橛”说后赠与的。也就是说，第一，关于这一橛是成道者达恰瓦伏藏神力非凡之说，原大轨范师给予赞布旺巨当巴等关于大圆满马头明王的转经和耶尔巴斯瓦隆岩中作为宝藏一并保藏，成道者达恰瓦说，来自宝藏，然后前往后藏，与来到吉隆的萨迦大班智达相见。达恰瓦口齿不清地说：“唵帕匝吉里吉拉呀”之后，萨迦大班智达更正为“帕匝给里给拉呀”，达恰瓦说：过去也是帕匝吉里呀，现在也是帕匝吉里呀，虽咒语不准，如此照旧。说完在岩石上扎橛，如同扎在泥土中。萨迦大班智达得知他是成道者后，说他要去同外道人辩论，要其同行之后，一同前往。萨迦大班智达同外道绰齐噶窝，在尼藏边境辩论十三天后，最终虽然萨迦大班智达获胜，但外道说要比赛“道貌”，即刻飞上天空。此刻萨迦大班智达呼吁达恰瓦，达恰瓦将橛一扎，犹如鸟击石，绰齐噶窝落在地上，不久死亡。后来，来到“梅色”作为寺庙主供。此后，辗转传递落入智者云丹公布之手，赐予自己的公子遍知洛追仁钦森格。遍知洛追仁钦森格是宗喀巴大师两位智慧非凡的及门弟子之一，他创建贤者云集的色拉寺吉扎仓，将橛作为主供。后来，五世达赖喇嘛时期，形成拜见金刚橛之俗。这天，色拉寺吉扎仓大殿中，展大圆满马头明王为主的缎子唐卡，殿门抱厦隆重装饰供物，殿门抱厦下面西侧墙壁旁，供有装饰盛大的靠背垂帷的宝座。早上一大早，色拉寺吉扎仓翁则等执事们盛装，排列马队，将金刚橛带往达赖喇嘛和各大喇嘛大官处拜见后返回色拉寺。色拉寺吉扎仓堪布披上披风、带上通人冠坐在殿门抱厦下面宝座上，手持金刚橛，在每个拜见者的头上加持。关于金刚橛的详情见于《旧续目录》中。总之，将这一金刚橛，作为一种很有加持力的神物，形成每年藏历十二月二十七日开放拜见时，许多周围农民和拉萨人前往拜见之俗。（《东噶》2078—2079页）

342. 如克（རུའི་ཁལ）——官斗。译音如克。公元17世纪初，噶玛·登窘旺波统一西藏度量衡时制定的标准容量名，约盛二十八市斤青稞。

343. 汉仲（རྒྱ་དྲུང）——汉文书。

344. 排列斋僧茶施主名单（མང་ཇའི་ཐོ་སྒྲིག）——系排列布施施主名单。旧时，每年正月在拉萨召开一次传召大会，会前于前一年的十二月间，由孜噶、拉让强佐和三大寺的执事开会，安排发放布施的施主名单先后次序的会议。拉萨传召法会时，布施给僧众之茶（对四寺以上比丘会集，供酥油茶或清茶）和发放布施者们向

地方政府报告后，法会开始到结束，按照天数排列次序登记的工作。（《东噶》1613 页）

345. 香灯师长（དཀོན་གཉེར）——各大神庙和寺庙里，有很多小神殿，每神殿也根据面积的大小和三佛田的多少，安排有一至二名香灯师。香灯师长是这些香灯师的总管。（《东噶》144 页）

346. 布达拉宫二十九日朵玛（རྩེ་དགུ་གཏོར）——布达拉宫除夕朵马。旧时，藏历十二月二十九日，布达拉朗杰寺僧举行年终除旧跳神送鬼的宗教活动。（《藏汉》2224 页）

西藏地方政府时期，每年藏历十二月二十九日称为“布达拉宫九日朵玛”，在布达拉宫东侧寝宫，达赖喇嘛亲临举行早朝，布达拉宫森噶对法会僧俗总管，训令关于法会的活动。司伦和噶厦有各自的检阅窗口，扎萨、台吉等俗官在德阳夏南面楼上的帐篷内，朗杰扎仓乐僧们在德阳夏北面的帐篷内，片德列谢林寺全体僧人跳九日朵玛舞，装烧伏魔铁堡等；下午，全体僧众在雪外石碑三岔路口麦秆堆放处，抛撒朵马放咒时，有两名雪仲新任官员带着细香引请朵马，抛撒朵马放咒时刻古装骑士放九次藏式鸟枪的惯例；这天在木如寺跳“木如九日朵马”的羌姆舞时，小丑从观看人群中轮流抽出几名十几岁的孩子，让他们摔跤比赛，有对得胜者小丑举大拇指进行表扬等逗乐的习惯。晚上，各家各户家人集中吃“古突”，象征新的一年的开始。（《东噶》1699—1670 页）

图书在版编目（C I P）数据

《噶厦日志：铁兔年（1831）》译注 / 索朗多吉译著 .
-- 北京 : 中国藏学出版社，2019.2
ISBN 978-7-5211-0132-4

Ⅰ . ①噶… Ⅱ . ①索… Ⅲ . ①西藏 – 地方史 – 清代
Ⅳ . ① K297.5

中国版本图书馆 CIP 数据核字 (2019) 第 026639 号

《噶厦日志：铁兔年 (1831)》译注 索朗多吉 译注

出版发行 中国藏学出版社
责任编辑 季垣垣
封面设计 李建雄
印 刷 中国电影出版社印刷厂
开 本 880 × 1230 1/32
印 张 8
字 数 143 千字
印 数 1000 册
印 次 2019 年 4 月第 1 版第 1 次印刷
书 号 ISBN 978-7-5211-0132-4/K · 548
定 价 28.00 元

图书如有质量问题 请与本社发行部联系
E-mail : dfhw64892902@126.com 电话：010-64892902